Hermann Esser

Christopher Görlich

NSDAP-Mitglied Nr. 2

Hermann Esser
und der Fremdenverkehr
im Nationalsozialismus

Bibliographische Information der Deutschen Bibliothek:
Die Deutsche Bibliothek verzeichnet diese Publikation
in der Deutschen Nationalbibliographie;
detaillierte Daten sind im Internet über
<http://dnb.ddb.de> abrufbar.

© 2015 Christopher Görlich
Herstellung und Verlag:
BoD – Books on Demand GmbH, Norderstedt
ISBN: 978-3-7347-6494-3

Inhaltsverzeichnis

Einleitung 7

»Alter Kämpfer« Hermann Esser und die NSDAP 13

Erster Weltkrieg, Sozialdemokratie, Nationalismus 15
Enfant terrible der Partei 20
Hitlerputsch und »Verbotszeit« 26
In der zweiten Reihe 34
Staatsminister in Bayern 36

Geschichte des Tourismus vor 1933 39

Die Entstehung des modernen Tourismus 41
Fremdenverkehr und Politik vor 1933 47

Hermann Esser und der Fremdenverkehr im Nationalsozialismus 53

Zwischen Wirtschaft und Volksgemeinschaft . . . 55
Bund Deutscher Verkehrsverbände 59
Reichsausschuss für Fremdenverkehr 61
Der Reichsfremdenverkehrsverband 66
Staatssekretär für Fremdenverkehr 69
Die Hermann-Esser-Forschungsgemeinschaft . . 72

Ausschluss der Juden aus den Kur- und Erholungsorten **75**

Bäder-Antisemitismus vor 1933 77
Lokale Aktionen gegen die Juden 80
Reichsweite Regelungen zum Ausschluss der Juden 84

Tourismus im Zweiten Weltkrieg **89**

Tourismus und Krieg 91
Fremdenverkehrslenkung 97
Hermann Esser im Zweiten Weltkrieg 102

Nachwort **105**

Anhang **109**

Anmerkungen 111
Abkürzungen 135
Archive 137
Literaturverzeichnis 139
Personenregister 151

Einleitung

Der Name Hermann Esser ist dem Historiker, der sich mit der Frühgeschichte der Nationalsozialistischen Deutschen Arbeiterpartei (NSDAP) befasst, sehr geläufig. Hermann Esser war ein »*alter Kämpfer*«, seit 1919/1920 stand er an der Seite Adolf Hitlers und gehörte zum Kreise seiner engsten Gefährten. Als Redner, Schreiber und Propagandist trug Hermann Esser wesentlich zur Schaffung des Führerkultes bei. Nachdem die NSDAP nach dem Hitlerputsch 1923 verboten worden war, und Hitler in Landsberg einsaß, stand Hermann Esser zeitweilig zusammen mit Julius Streicher als Vorsitzender an der Spitze der Großdeutschen Volksgemeinschaft (GVG). Bei der Neugründung der NSDAP wurde Hermann Esser als Auszeichnung für seine »*Verdienste*« das NSDAP-Mitglied Nr. 2. Mit gutem Grund wird Hermann Esser vom Journalisten und Schriftsteller Konrad Heiden »*Urtyp*« des Nationalsozialismus bezeichnet.[1] Doch bereits ein Jahr nach der Neugründung scheint die Karriere Hermann Essers zu Ende zu sein. Zu diesem Zeitpunkt verschwindet sein Name aus der geschichtswissenschaflichen Literatur. Kaum mehr als Nebensätze werden seinem weiteren Lebenslauf gewidmet. So erscheint Hermann Esser als Statist, der zwar den Aufstieg Adolf Hitlers begleitete, aber abtrat, als er nicht mehr gebraucht wurde.

Doch im Tourismus entdeckte Hermann Esser ein neues Politikfeld. Im Schatten der Kraft durch Freude (KdF) wandte er den Verbänden, den Fremdenverkehrsvereinen und den Kurorten zu. Maßgeblich trug er zur Gleichschaltung des Fremdenverkehrs nach 1933 bei. 1939 stieg Hermann Esser zum Staatssekretär für Fremdenverkehr im Propagandaministerium auf und nannte sich stolz: »*Leiter des gesamten Fremdenverkehswesens*«.[2] Friedrich Rauers bezeichnete Esser sogar als »*Schöpfer des großdeutschen Fremdenverkehrs*«.[3]

So wie sich die Geschichtswissenschaft bislang mit Hermann Esser nur am Rande beschäftigt hat, so ist auch das Gebiet, auf dem Esser 1933 bis 1945 wirkte – die Fremdenverkehrspolitik –, kaum untersucht worden. Zahlreiche Historiker haben sich mit der NS-Gemeinschaft KdF beschäftigt, die mit großem Aufwand und noch größeren propagandistischen Erfolg, der bis in das heutige Bewusstsein nachwirkt, preiswerte Reisen für die unteren Gesellschaftsschichten organisierte. Die KdF wurde als wichtiger Faktor im System zwischen »*Verführung und Gewalt*« (Hans Ulrich Thamer) gründlich analysiert und beschrieben.[4]

Dabei geriet jedoch aus dem Blick, dass allenfalls im Jahre 1936 der Anteil der KdF-Reisen am gesamten Fremdenverkehrsaufkommen die 10 %-Marke knapp überstieg, in den anderen Jahren aber deutlich darunter lag. 1939 machte der KdF-Anteil am gesamten Reiseaufkommen sogar nur 2,8 % aus. Der weitaus größte Teil der Reisen im nationalsozialistischen Deutschland wurde folglich privat organisiert und privat durchgeführt.[5]

Für Hermann Esser war die KdF ohnehin nur eine vorübergehende Erscheinung: »*Das große nationalsozialistische Hilfswerk*«, erklärte er, »*kann nur den Zweck haben, den schwächeren Volksgenossen unter die Arme zu greifen. Im übrigen muss der Kreis der sozial zu betreuenden Menschen immer kleiner werden. Der Nationalsozialismus ist nicht ein marxistischer Gewerkschaftsverein mit dem Ziel, das Niveau gleichmäßig herab zu drücken. Sein Wille ist vielmehr, Leistung und Lebensstandard des Einzelnen auf eine höhere Stufe hinauf zu führen.*«[6]

Durchaus selbstbewusst versuchte Esser, die überwiegende Zahl der Reisen, die unabhängig von der KdF durchgeführt wurden, zu kontrollieren. Mit einer Fülle von Gesetzen, Erlassen und Anordnungen, durch Propaganda und sonstige Maßnahmen versuchte das NS-Regime, auch in den privat durchgeführten Reisen präsent zu sein, und schuf dazu ein kompliziertes Gebilde von Institutionen. Der »*alte Kämpfer*« Hermann Esser war eine Schlüsselfigur in dieser Struktur. Er brachte alle Institutionen, die sich unmittelbar mit dem Fremdenverkehr beschäftigten, unter seine Kontrolle. 1939 war Hermann Esser am Ziel: Er war geschäftsführender Präsident des Reichsausschusses für Fremdenverkehr (RAF) und des Reichsfremdenverkehrsverbandes (RFV) sowie Staatssekretär für Fremdenverkehr im Propagandaministerium.

So verbindet sich in der Biographie von Hermann Esser die »*Kampfzeit*« der NSDAP mit der Entwicklung des Tourismus im nationalsozialistischen Deutschland. Das vorliegende Buch versucht erstmals beide Aspekte, die sich in der Person Hermann Essers treffen, in einer kompakten Darstellung zusammenzuführen. Das Buch ist aus meiner Magisterarbeit hervorgegangen, die ich 2004 am Friedrich-Meinecke-Institut an der Freien Universität eingereicht habe. Seitdem hat mich das Thema nicht mehr losgelassen, so dass es nun an der Zeit ist, die Untersuchung in aktualisierter Form zu veröffentlichen. Mein Dank gilt den Magisterhvätern Prof. Dr. Wolfgang Wippermann und Prof. Dr. Martin Sabrow. Ganz besonders danke ich Prof. Dr. Hasso Spode: Er gab mir den Rat, mir die Person Hermann Esser einmal genau anzusehen.

»Alter Kämpfer«
—
Hermann Esser und die NSDAP

Hermann Esser wurde am 29. Juli 1900 in dem kleinen, kaum 10 km von Dachau entfernten Ort Röhrmoos als Sohn eines Eisenbahndirektors geboren. **Erster Weltkrieg, Sozialdemokratie, Nationalismus** Seine Kindheit und Jugend verbrachte er in Kempten, wo er das humanistische Gymnasium besuchte.[7] Mehr ist über Kindheit und Jugend Hermann Essers nicht bekannt. Allenfalls das markante Geburtsjahr lässt einige vorsichtige Schlüsse auf seine Sozialisation zu. Denn das prägende Erlebnis seiner Jugend war der Erste Weltkrieg, die »*Urkatastrophe des zwanzigsten Jahrhundert*«, die in den Tagen um Essers 14. Geburtstag ihren Anfang nahm.

Fortan war der Krieg in Siegesfeiern in der Schule und Heeresberichten, später durch Hunger und Entbehrung allgegenwärtig.[8] Günther Gründel schrieb 1932 in einem viel beachteten Buch über die Generation der um die Jahrhundertwende Geborenen: »*Das Volk, die Nation und die bösen Feinde waren bereits aktivste Posten in unserer harmlosen Kinderwelt*«.[9]

Jugendliche wie Hermann Esser erlebten den Krieg anders als viele Erwachsene. Denn die Kinder und Jugendliche trugen ihre Kriegsbegeisterung weit über das Jahr 1914 hinaus. Während ältere Menschen des Krieges und seiner Folgen längst überdrüssig geworden waren, zogen die um 1900 geborenen Männer in den letzten Kriegsjahren kaum erwachsen geworden mit einer großen Begeisterung ins Feld.

Hermann Esser meldete sich 1917 nach dem Notabitur als Kriegsfreiwilliger und kämpfte im Bayerischen 19. Feldartillerie-Regiment an der Westfront.[10] Die Erlebnisse an der Front müssen einen nachhaltigen Einfluss auf die weitere Entwicklung des 17jährigen genommen haben. Auch für Hermann Esser dürfte gelten, was Gründel über seine Altergenossen schreibt: »*Sie waren blutjung, noch tief empfänglich für alles und am tiefsten für das Große und Furchtbare. Sie waren noch keine fertigen Männer, Weltanschauung und Mensch waren noch im Werden. Sie sind als begeisterte, aber durch das Übermaß des allzu starken und furchtbaren Erlebens vielleicht sehr bald entwurzelte Jünglinge hinausgetaumelt.«*[11]

Über die politische Einstellung des jungen Heimkehrers liegen höchst widersprüchliche Nachrichten vor. Er selbst gab gegenüber dem Historiker Werner Maser zu Protokoll, den Sozialdemokraten nahe gestanden zu haben.[12] Später wurde Hermann Esser diese anfängliche Nähe zur Sozialdemokratie immer wieder vorgeworfen, wenn Esser in den internen Auseinandersetzung in der NSDAP als Verräter oder gar als »*Spitzel der Sozialdemokratie*« dargestellt werden sollte, um ihn zu diskreditieren.[13] In dieselbe Richtung zielen die immer wieder auftauchenden Hinweise, dass Hermann Esser mit der Unabhängigen Sozialdemokratischen Partei Deutschlands (USPD) und vielleicht sogar mit den Kommunisten sympathisiert habe.[14]

Tatsächlich spricht vieles dafür, dass Hermann Esser in den ersten Monaten nach dem Ersten Weltkrieg sozialdemokratisch dachte und der USPD zugeneigt war. Immerhin fand der junge Esser eine erste reguläre Arbeit bei der »*Allgäuer Volkswacht*«, einer sozialdemokratischen Lokalzeitung in Kempten, die während der Räterepublik in Kempten gegründet worden war.[15] Schriftleiter dieser Zeitung war Adolf Schmidt, der der USPD angehörte und im April 1919 wesentlich an der Ausrufung der »*Räterepublik Kempten*« beteiligt war.[16] Insbesondere zeichnete sich die »*Allgäuer Volkswacht*« durch einen sehr scharfen Ton gegen die Reichswehr und Freikorps aus. Sie verspottete die Soldaten als »*Buben*«, »*Reichsfaulenzer*« und »*Edelweiss-Spartakisten*«.[17] Am 12. August 1919 hatten die in Kempten stationierten, rechts-nationalistischen Freikorps-Soldaten genug von der »*radikalen Schreibweise*« der Zeitung. Etwa 25 Mann überfielen die Druckerei, konnten aber nur geringen Schaden anrichten.[18] Obwohl Hermann Esser zum Zeitpunkt des Überfalls auf die Druckerei noch Mitarbeiter der Zeitung war, begrüßte er die Aktion. Bereits wenige Tage zuvor hatte er die Frage gestellt, »*ob nicht die Mannschaften eines Truppenverbandes, wenn ein Blatt andauernd mit scharfen Ausfällen gegen sie arbeitete, zweckmäßig selbst mit einer* in corpore *gefassten Erwiderung antworten sollten.*«[19]

Hier zeigt sich deutlich, dass sich Hermann Esser im Spätsommer 1919 längst nicht mehr mit der sozialdemokratischen Ausrichtung seines Arbeitgebers, der »*Allgäuer Volkswacht*«, identifizierte. Schon im Frühjahr 1919 hatte sich Esser als Freiwilliger beim Freikorps Schwaben gemeldet. Das Freikorps Schwaben war im April 1919 unter der Leitung von Daniel Ritter von Pitrof zusammengestellt worden und beteiligte sich einen Monat später zusammen mit dem Freikorps Epp (benannt nach seinem Befehlshaber Franz Xaver Ritter von Epp) an der Niederschlagung der Münchener Räterepublik.[20] Wegen seiner früh ausgeprägten rhetorischen Begabung bestand Essers Aufgabe im Freikorps vor allem darin, neue Mitglieder für den Kampfverband zu werben. In den 1937 erschienenen Erinnerungsblättern des Freikorps wird Hermann Esser ausdrücklich für seine »*Gewandtheit und Beredsamkeit*« gelobt, denn dadurch habe er »*besonders günstige Erfolge*« erzielt.[21]

Essers Vorgesetzte waren auf das Redetalent des jungen Mannes aufmerksam geworden und so konnte er durch Vermittlung des Freikorps vom 30. Juli bis zum 9. August an den Aufklärungskursen des Reichswehrgruppenkommandos 4 teilnehmen.[22] Einen oder mehrere solcher Kurse hatte zuvor bereits Adolf Hitler besucht: Unter der Leitung von Hauptmann Karl Mayr wurden Propagandaleute gegen die in der Reichswehr kursierenden, subversiven Ideen – vor allem gegen den Marxismus – ausgebildet.[23] In den Kursen und der Korrespondenz mit Mayr, der viel Zeit für die Pflege persönlicher Beziehungen zu Esser und den anderen Kursteilnehmern aufwendete,[24] trat Esser als antisemitischer Hitzkopf hervor.

So verfocht Esser in dem von ihm besuchten Kurs vehement die Auffassung, dass die Schriften von Gottfried Feder in den Kursen zugänglich gemacht werden sollten.[25] Gottfried Feder unterrichtete selbst in den Aufklärungskursen und genoss in den nationalistischen Kreisen hohes Ansehen. Er galt vielen als »*Wirtschaftsguru*« der NSDAP und verband radikalen Antisemitismus mit der Forderung nach »*Brechung der Zinsherrschaft*«, indem er das »*schaffende*« Kapital dem »*raffenden*« Kapitel gegenüberstellt, wobei Feder letzteres mit den Juden verband.[26] Für den in seiner Weltanschauung noch nicht gefestigten Hermann Esser wurde damit eine Brücke von sozialdemokratischen Versatzstücken zum nationalistischen und antisemitischen Denken gebaut.

Nicht zuletzt war es die Dolchstoßlegende, der Esser wie so viele andere bereitwillig Glauben schenkte. So entstand schließlich ein Hass auf die Sozialdemokratie, der wiederum mit scharfen Antisemitismus verbunden war. Esser glaubte fortan, so Maser, »*dass Deutschland den Krieg verloren hätte, weil die vom ›Judentum‹ verführte‹ Heimat der Front in den Rücken gefallen wäre.*« Er sei bestürzt gewesen, »*dass ausgerechnet die Sozialdemokratische Partei, der er zunächst beigetreten war, dem Judentum unter die Arme gegriffen habe.*«[27]

So vollzog sich im Laufe des Jahres 1919 der Wandel des jungen Kriegsheimkehrers mit sozialdemokratischen Ansichten zu einem antisemitischen Sympathisanten der Nationalisten – es war ein Prozess, der sich über mehrere Monate hinzog, so dass es Esser durchaus möglich war, sowohl bei der linken sozialdemokratischen Zeitung »*Allgäuer Volkswacht*« zu arbeiten, sich freiwillig zum Freikorps Schwaben zu melden und sich für die Schriften von Gottfried Feder zu begeistern und schließlich Anhänger der Deutschen Arbeiterpartei (DAP) zu werden, aus der bald die NSDAP hervorgehen sollte.

Karl Mayr ermöglichte Hermann Esser, diesen Weg fortzusetzen. Esser war zunächst Lektor für die deutschsprachige europäische Presse in Mayrs Presseabteilung. Im Januar 1920 ernannten ihn Mayr zu seinem Pressereferenten.[28] Fortan arbeitete Esser daran mit, die Presse mit Artikeln und Notizen zu versorgen, die die Interessen der Armee vertraten. War Esser im Freikorps einer der besten Redner gewesen, so gehörte er auch jetzt zu den besten Schreibern der Mayr'schen Abteilung.[29]

Hier lernte Hermann Esser einen Mann kennen, der bei Mayr als »*V-Mann*« angestellt war: Adolf Hitler.[30] Der gut zehn Jahre ältere Hitler beeindruckte Esser. Bald war es im buchstäblichen Sinne offensichtlich, dass sich der Jüngere den Älteren zum Vorbild nahm – wie Hitler trug Hermann Esser fortan Peitsche und Oberlippenbart. Als Joseph Goebbels seinen späteren Untergebenen im November 1925 erstmals begegnete, verblüffte ihn vor allem die Ähnlichkeit mit Hitler. Goebbels notierte in seinem Tagebuch:»*Geschniegelt und gebügelt. Der kleine Hitler.* ›*Wie er sich räuspert, wie er spuckt, das hat er ihm trefflich abgeguckt.*‹ *Ein hübscher Bengel. Grauenhaft.*«[31]

Enfant terrible der Partei

Die völkisch-nationalistische Gesinnung und die Nähe zu Hitler führten Hermann Esser schließlich zur DAP, in der auch Adolf Hitler im Herbst 1919 Mitglied geworden war.[32] Am 8. März 1920 trat Hermann Esser in die Partei ein.[33] Die DAP war eine der vielfältigen, sektenartigen und völkischen Gruppierungen, die Anfang der 20er-Jahre in Deutschland bestanden: Allein in München zählt Ian Kershaw 15 völkische Gruppen, in Deutschland 73.[34] Die DAP war – verglichen mit den etablierten sozialistischen oder katholischen Parteien – zunächst unbedeutend. Anfangs stellten Hitler und die Partei nur eine »*lokale Erscheinung*« dar.[35] In kurzer Zeit gelang es Hitler jedoch durch seinen Rhetorik, die im 1920 in Nationalsozialistische Deutsche Arbeiterpartei (NSDAP) umbenannte Gruppierung deutlich von anderen völkischen Vereinen abzuheben. Bereits 1921 galt Hitler zumindest dem Münchner Publikum »*als Inbegriff der NSDAP*«. Auch wenn Hitler die Übernahme des Parteivorsitzes ablehnte,[36] führte er *de facto* die Geschicke der Partei jenseits institutionalisierter Gremien. Denn unter seinem Alleinsein leidend[37] hatte Hitler begonnen, eine »*persönliche Clique*« um sich zu scharren – »*gewissermaßen als Vorläufer des späteren Trabanten- und Günstlingsschwarms*« –, »*in deren Bewunderung er eine psychologisch wichtige Selbstbestätigung gefunden haben dürfte.*«[38] Emil Maurice, Christian Weber, Ulrich Graf, Max Amann, Ernst »*Putzi*« Hanfstaengl, Ernst Röhm und andere gehörten zu dieser bunten Schar »*dem Zivilleben entwöhnte[r] Soldaten und Freikorpsmänner*«.[39]

Im Zweiten Weltkrieg wurde Hitler im Rückblick auf die Anfänge der Partei beinahe wehmütig, wenn er von den Männern schwärmte, die ihn in der »*Kampfzeit*« umgaben: »*Solche Elemente sind unbrauchbar in Friedenszeiten, aber in wirren Perioden ist das ganz anders... Fünfzig Bür-*

gerliche wären weniger wert gewesen als ein einziger dieser Männer. Mit welch blindem Vertrauen sie mir folgten! Im Grunde waren sie nur zu groß geratene Kinder… Während des Krieges hatten sie mit aufgepflanztem Bajonett gekämpft und Handgranaten geworfen. Es waren ganz einfache Menschen, von echtem Schrot und Korn. Sie wollten nicht, dass ihr Vaterland von jenem Abschaum ausverkauft würde, der durch den Krieg nach oben gekommen war. Von Anfang an wusste ich, dass sich eine Partei nur mit solchen Elementen aufbauen ließ.«[40]

In diesem Kreise wurde Hermann zur »*beherrschende[n] Figur*«.[41] Bald war er »*a leading member of Hitler's shadow leadership*«.[42] Esser wurde das »*Faktotum Hitlers*.«[43]

In dem Maße, in dem es Hitler gelang, in den Münchener Cafés eine »*Art persönlicher Hofhaltung*« zu etablieren, die »*ein merkwürdiges Gemisch von Bohème-Welt und Kondottieri-Stil*« darstellte,[44] wurden die eigentlichen Parteiführer um Anton Drexler zu Randfiguren degradiert. Einfluss und Bedeutung von Hitlers Kumpanen wuchsen behände an. Harold J. Gordon spricht von einem »*umfangreichen, aktiven und amorphen ›Küchenkabinett‹*«, das die Kumpanen bildeten.[45] Dieses »*Küchenkabinett*« wurde der inoffizielle Führungskreis der Partei.[46]

Die Aufgaben, die Hermann Esser in diesem Kreis übernahm, umfassten die Propagandaarbeit für die junge Partei und die Organisation der Ortsgruppen in München, Bayern und darüber hinaus. Hermann Esser wirkte im Frühjahr 1920 beim Erwerb des »*Völkischen Beobachters*« durch die NSDAP mit[47] und konnte fortan seinen scharfen Antisemitismus in dieser Zeitung verbreiten. Am 15. Mai 1920 übernahm er die Schriftleitung des Blattes.[48] Mit Vorliebe grub Esser jüdische Skandalgeschichten aus und verbreitete sie nahezu genüsslich mit allen schlüpfrigen Einzelheiten im *Völkischen Beobachter*.[49]

Zugleich trat Hermann Esser als Redner auf. Dem Zeitgenossen Ernst »*Putzi*« Hanfstaengl galt Esser als »*das Enfant terrible der Partei und vielleicht ihr bestes Rednertalent nach Hitler.*«[50] Oft peitschte Esser die Stimmung in den Versammlungen hoch, bevor Hitler das Wort ergriff. Schließlich konnte Esser durch seine Kontakte und die Kenntnis des politischen Terrains in München sämtliche Münchener NSDAP-Kader davon überzeugen, Hitlers Autorität anzuerkennen.[51]

Esser selbst jedoch war der Ausstrahlung Hitler noch nicht gänzlich verfallen und erkannte ihn noch nicht als charismatischen Führer an. Noch schwankte Esser zwischen Bewunderung und Neid. Er glaubte, Hitler nehme ihn trotz seiner rednerischen Leistungen nicht ernst.[52] Und so spielte Esser im Sommer 1921 eine widersprüchliche Rolle, als die NSDAP-Führung um Drexler versuchte, Hitlers Einfluss in der Partei durch Zusammenschlüsse mit anderen völkischen Gruppen zu vermindern. Während Hitler für sechs Wochen nach Berlin reiste, um dort Verhandlungen zur Finanzierung des Völkischen Beobachters mit dem Alldeutschen Verband zu führen,[53] begleitete ihn Esser für vierzehn Tage. Den Rest der Zeit informierte Esser Hitler über die Vorgänge in München.[54] Doch zugleich intrigierte er gegen Hitler bei Anton Drexler, den er in scharfen Tönen darauf hinwies, dass Drexler schließlich Parteivorsitzender sei und sich gegen Hitler durchsetzen müsse.[55] Esser scheute sich nicht, Hitler sogar als »*Schädling der Bewegung*« zu bezeichnen,[56] um auf diese Weise aus dem Schatten Hitlers herauszutreten.

Das doppelte Spiel blieb in der Partei indes nicht unbemerkt. Dietrich Eckart und Alfred Rosenberg verachteten Esser als »*unsauberen Gesellen*«, Rudolf Heß überging ihn gänzlich, und Gottfried Feder wollte ihn aus der Partei ausschließen.[57] Tatsächlich wurde Hermann Esser am 10. Juli 1921 aus der Partei ausgeschlossen.[58]

Viele Gründe für den Ausschluss wurden in einem zehn Tage später veröffentlichten Flugblatt deutlich, das Hermann Esser scharf angreift: »*Dieser Mann, der nachgewiesenermaßen ein Spitzel der Sozialdemokratie ist, der Hitler selbst wiederholt schon als Schädling der Bewegung bezeichnete[,] um seinen Sturz herbeizuführen, der bei Drexler wiederholt den Sturz Hitlers forderte, der ferner dem Völkischen Beobachter durch seinen Sauhirtenton(!) das Verbot trotz wiederholter polizeilicher Verwarnung absichtlich zuführte, diesen Mann nahm sich plötzlich Hitler, um seine dunklen Pläne durchzuführen. Das Merkwürdigste ist, dass Hitler selbst wiederholt erklärte, was unter Zeugen festgestellt werden kann: Ich weiß, dass Esser ein Lump ist, aber ich behalte ihn nur so lange, als ich ihn brauchen kann.*«[59]

Erst als auch Hitler einen Tag nach Essers Parteiausschluss verärgert und verdrossen über die Fusionsverhandlungen der NSDAP mit der Deutschsozialistischen Partei (DSP) selbst aus der Partei austrat,[60] stellte sich Esser endgültig hinter Hitler – wusste er doch, dass seine eigene Zukunft eng mit der Person Hitler verbunden war. Zusammen überlegten sie, eine neue Partei zu gründen, um sich von allen Hemmschuhen zu befreien.[61]

Zugleich war sich die Führung der NSDAP bewusst, dass der Verlust des Starredners Hitlers die Partei schwer treffen würde. Vielen erschien die NSDAP ohne Hitler undenkbar. Das Risiko wollten nur wenige eingehen, und so fragte man bei Hitler nach, unter welchen Bedingungen er zum Wiedereintritt zu bewegen sei. Hitler forderte u. a. den Posten des »*I. Vorsitzenden mit diktatorischer Machtbefugnis*«. Die Parteiführung kapitulierte, indem sie diese Forderungen akzeptierte.[62]

Am 29. Juli 1921 wurde Hitler zum 1. Vorsitzenden der NSDAP gewählt und mit den verlangten, diktatorischen Vollmachten ausgestattet. Auch Hermann Esser wurde in der Partei rehabilitiert, nachdem Adolf Hitler seinen Streitgefährten vehement verteidigte: »*Wenn Esser grob, saugrob geschrieben hat, so war dies noch nicht grob genug. Ich habe zu Esser gesagt, schreiben Sie, so stark sie können, gegen Rathenau (Beifall). Man wollte Drexler und Esser von mir trennen. [...] Esser ein Spitzel? Jeder war einmal Sozialdemokrat.*«[63] Im Gerichtsprozess gegen die Zeitung »Münchner Post«, die das oben zitierte Flugblatt veröffentlicht hatte, nahm Hitler Esser in Schutz: »*Lieber Gott [...], er ist halt noch ein sehr junger Mann. Ich stehe ja auf dem Standpunkt, dass man vor dem dreißigsten Lebensjahr sich überhaupt nicht mit der Politik befassen sollte.*«[64]

Noch konnte und wollte Hitler nicht auf Hermann Esser verzichten. Erstens war Esser bei der Gründung von Ortsgruppen der NSDAP außerhalb Münchens von großem Nutzen. Hatte Esser schon zuvor eine rege Reisetätigkeit entfaltet, so bemühte er sich seit 1922 darum, in Norddeutschland zahlreiche Ortsgruppen zu gründen, u. a. in Meiningen, Neumarkt an der Rott und Hagen. 1926 strich Hitler die Rolle Essers beim Aufbau der Partei hervor: »*Wer damals außerhalb Münchens redete, das war ich und wieder ich, und dann kam allerdings ein zweiter, und das war der damals noch kaum zwanzigjährige junge Esser.*«[65] Die Wirkung war groß. Sehr viele Mitglieder außerhalb Münchens waren der NSDAP beigetreten, »*because it [NSDAP] was Hitler's or Esser's Party*«.[66]

Zweitens trug Hermann Esser wesentlich zur Entstehung und Verbreitung des Hitler-Kultes bei. Bereits am Abend des 29. Juli 1921, unmittelbar nach der Wahl Hitlers zum diktatorischen Vorsitzenden der NSDAP, feierte Esser im Zirkus Krone »*unseren Führer*«, lange bevor dieser Begriff für Adolf Hitler in der NSDAP zur Regel wurde. Esser war, so Joachim C. Fest, »*in den Wirtshäusern und Biersälen mit religiös untermauerter Ergriffenheit zum emsigsten Priester jenes Führer-Mythos*« geworden.[67] Ian Kershaw setzt den »*symbolische[n] Moment, als Hitlers Anhänger den Führerkult erfanden*«, zwar erst ein gutes Jahr später an, doch auch bei Kershaw ist der Beginn des Kultes mit Esser verbunden, als dieser am 3. November 1922 wenige Tage nach Benito Mussolinis so genannten »*Marsch auf Rom*« im vollbesetzten Hofbräuhausfestsaal ausrief: »*Deutschlands Mussolini heißt Adolf Hitler*«.[68]

Am 1. August 1921 wurde Hermann Esser zum ersten Propagandaleiter der NSDAP ernannt[69] und sorgte fortan neben Heß und Dietrich Eckart, der Esser am 11. August 1921 als Schriftleiter des Völkischen Beobachters ablöste,[70] für die Ausbreitung des Führerkults. Zum Geburtstag Hitlers am 20. April 1923 legte Esser erstmals im Namen aller »*das Treuegelöbnis für ihn und unsere Bewegung*« ab.[71]

Drittens brauchte Hitler Hermann Esser gerade weil Esser ein »*Lump*« war und sich als »*enfant terrible*« der Partei für keinen Krawall zu schade war. Häufig findet man Esser auch bei Schlägereien in vorderster Front. Am 9. August 1921 beispielsweise sprengte Hermann Esser mit Adolf Hitler, Johann Huber und Oskar Körner eine Versammlung, auf der Otto Ballerstedt als Vetreter des Bayernbundes sprach. Hitler, Esser und Körner wurde daraufhin zu einem Monat Haft verurteilt, Huber musste für zwei Monate in Gefängnis.[72]

Darüber hinaus bot sich der junge Mann, der in der Literatur einhellig als »*skrupellos und ränkesüchtig [...] ungebildet und unkultiviert, aber raffiniert*«[73] bezeichnet wird, geradezu als Zielscheibe der Kritik an und lenkte so vom »*Führer*« ab. Viele Mitglieder wandten sich gegen die »*wilhelminische Hofkamarilla*« um Hermann Esser und forderten, die Partei von »*Bonzen und Schädlingen*« zu reinigen.[74] Vor diesem Hintergrund konnte Hitler um so glanzvoller erscheinen. Nicht Hitler, sondern Esser wurde für die Missstände in der Partei verantwortlich gemacht. Deutlich wird dieser Zusammenhang in einem Brief, den

Gottfried Feder am 11. August 1923 an Hitler vor dem Hintergrund eines erwarteten, baldigen Putsches schrieb. Feder sorgte sich um die zukünftige Arbeitsfähigkeit der Partei und griff Esser und andere scharf an. Hitler aber nahm Feder explizit von der Kritik aus: »*Ein wirklich befähigter Kreis von Mitarbeitern an den kommenden Staatsaufgaben ist schlechthin überhaupt noch nicht vorhanden. [...] Eine andere Frage ist die, ob der bedeutende Aufgabenkreis unserer Bewegung nicht da und dort einen Personalwechsel angezeigt erscheinen lässt. [...] Ganz allgemein ist ja wohl ein ziemlicher Niveauunterschied festzustellen zwischen Ihnen selbst, der Sie mit Ihren größeren Zwecken kongenial gewachsen sind, und der Männer Ihres früheren nächsten Kreises.*«[75]

Lange Zeit sah Hitler keinen Grund, an dieser Situation etwas zu verändern. Namentlich Hermann Esser übernahm als Organisator von Ortsgruppen, Redner und Redakteur, Priester des Führerkultes und Negativfolie eine wichtige Funktionen für den Aufbau der NSDAP in den ersten Jahren.

Hitlerputsch und »Verbotszeit«

Mit vorgehaltener Pistole sprengte Adolf Hitler am Abend des 8. November 1923 eine Versammlung im Bürgerbräukeller, wo Generalstaatskommissar Gustav Ritter von Kahr zum Jahrestag der Revolution von 1918 sprach. Hitler rief aus: »*Die nationale Revolution ist ausgebrochen. [...] Die bayerische Regierung ist abgesetzt. Die Reichsregierung ist abgesetzt. Eine provisorische Reichsregierung wird gebildet.*«[76] Dieser Vorgang ging zusammen mit dem »*Marsch auf die Feldherrnhalle*« als »*Hitlerputsch*« in die Geschichtsbücher ein und markiert eine deutliche Zäsur in der Geschichte der NSDAP.

Obwohl Hermann Esser zu den wichtigsten Männer im Umfeld von Adolf Hitler gehörte, ist seine Rolle während des Putsches in dichten Nebel gehüllt. Nur wenige Fakten sind bekannt: Zur gleichen Zeit als Hitler am 8. November die Versammlung im Bürgerbräukeller sprengte, sprachen Esser und Röhm im Löwenbräukeller am anderen Ende des Stadtzentrums vor dem »*Kampfbund Reichskriegsflagge*«, einer paramilitärischen Vereinigung, die Röhm kurz zuvor ins Leben gerufen hatte, um der NSDAP einen bewaffneten Arm zu schaffen. Mitten in der Rede Essers erreichte die Versammlung die Nachricht von dem Geschehen im Bürgerbräukeller. Während die Kampfbundtruppen unter dem Befehl von Röhm losschlugen, um das Hauptquartier der Reichswehr einzunehmen, eilte Hermann Esser zum Bürgerbräukeller. Danach taucht er in den Berichten über den ersten Abend des Hitlerputsches nicht mehr auf. Als Hitler um Mitternacht erkannte, dass der Putsch zu scheitern drohte, war Esser nicht in seiner Nähe. Und so trug Hitler nicht seinem Münchener Chef der Parteipropaganda, sondern dem Nürnberger Julius Streicher in einer eilig und unsicher getroffenen Entscheidung auf, für den nächsten Tag »*die Rednerpropaganda zu organisieren und zu leiten.*«[77]

Auch am nächsten Morgen unternahm Esser nichts, was dem Putschvorhaben förderlich war. Er gehörte zu den Rednern, die den Münchenern auf dem Weg zur Arbeit berichten, dass die Revolution ausgebrochen sei.[78] An dem Marsch auf die Feldherrnhalle nahm Esser indes nicht teil. Nur Hanfstaengl berichtet davon, dass Esser zusammen mit Max Amann, Dietrich Eckart und Heinrich Hoffmann vor der Polizei flüchtete.[79]

Immer wieder wurde Esser vorgeworfen, dass er nicht am Putsch teilgenommen habe. Auffällig bereitwillig verteidigte Hitler ihn, auch wenn er zu nebulösen Worten greifen musste. So erklärte er in einem offenen Brief gegenüber Albrecht Graefe: »*Wo die Herren Streicher, Esser und Buttmann damals waren, brauche ich wirklich nicht der Öffentlichkeit bekanntzumachen. Auf alle Fälle auf einem nicht minder gefährlichen Platz wie Sie.*«[80] Vielleicht hielt sich Hermann Esser zurück, weil er nicht von den Erfolgsaussichten des Unternehmens überzeugt war. So berichtet Hanfstaengl, dass Esser sich scharf gegen das Vorhaben ausgesprochen habe, in den ersten Novembertagen zu putschen: »*Können Sie sich vorstellen, wie die Reichswehr und Landespolizei auf eine solche Gewaltaktion reagieren und im Handumdehen aus der ganzen Putschbewegung Kleinholz machen werden? [...] Und trotzdem, Hanfstaengl: Was kann inzwischen nicht alles an Mord und Totschlag passieren. Helfen Sie mit, Hanfstaengl, dass wir Hitler rechtzeitig zur Vernunft bringen.*«[81]

Die Aussagen von Zeugen der Versammlung im Löwenbräukeller legen tatsächlich nahe, dass Hermann Esser vom Putscherversuch überrascht worden sein könnte.[82] »*Es dürfte 8 ¼, ½ 9 gewesen sein, dann kam Esser auf das Podium und hat eine Ansprache gehalten*«, sagte Kriminalkommissar Joseph Werner im Hitler-Prozess aus. »*In dieser Ansprache hat er ziemlich weit ausgeholt, so dass ich für meine Person gedacht habe, die Rede dürfte mindestens zwei Stunden dauern.*« Vor allem diese »*großzügig angelegte Rede*« Essers habe Werner schließlich zu der Vermutung veranlasst, »*dass das [der Putsch] nicht vorgesehen war.*«[83]

Nach eigenen Angaben gegenüber dem Historiker Maser will Esser am 8. November von dem Vorhaben des Putsches erfahren haben. An Gelbsucht erkrankt, habe er aber das Bett gehütet, als Hitler um 10 Uhr 30 morgens bei ihm erschien und erklärte, dass die Stunde gekommen sei und unverzüglich zur Aktion geschritten werden müsse.[84] Dies wäre eine gute Erklärung für Essers Verhalten. Denn die Krankheit hätte ihn entschuldigt. Dass Hitler ihn persönlich besucht habe, würde die enge Bindung an den

»Führer« und Essers Bedeutung in der Partei einmal mehr unterstreichen. Doch allzu krank scheint Esser nicht gewesen zu sein, denn sonst hätte er wohl kaum am Abend zu einer langen, weitschweifigen Rede ansetzen können. Es ist also durchaus denkbar, dass sich Esser diese Ausrede erst später zurecht gelegt hat, um die immer wiederkehrenden Vorwürfe zu parieren, er habe am 8. und 9. November *»gekniffen«*.

Nach dem Putsch wurden zahlreiche führende Nationalsozialisten verhaftet, andere flohen ins Ausland. Kurz vor seiner Verhaftung am 11. November 1923 hatte Hitler Rosenberg beauftragt, mit der Unterstützung von Esser, Amann und Streicher die nach dem Putsch verbotene Partei weiterzuführen.[85] Im österreichischen Salzburg versammelten sich daraufhin Esser, Rosenberg, Drexler und andere Führer der NSDAP, die aus Bayern geflohen waren. In Nürnberg nutze Streicher seine starke Stellung, um *»die Bewegung in Nordbayern in Fluss zu halten«* und seine eigene Position in der Partei auszubauen.[86]

Allein schon die räumliche Trennung von Streicher in Nürnberg und Esser, Amann sowie Rosenberg in Salzburg erschwerte die Führung der verbotenen Partei. Hinzukamen schwere Meinungsverschiedenheiten zwischen Salzburg und Nürnberg, sowie innerhalb der Salzburger Gruppe. Die Polizeidirektion München stellte fest: *»Dieselben Verhältnisse, die schon früher jede produktive Arbeit unmöglich machten – gegenseitiges Misstrauen, Verleumdungen und Selbstsucht – haben auch den Versuch der österr. Landesleitung [gemeint ist die österreichische Exilgruppe] von Salzburg aus die bayer. Partei wieder aufzurichten, unmöglich gemacht.«*[87]

Die Auseinandersetzungen zwischen den Gruppen in Salzburg und Nürnberg lassen sich relativ einfach erklären. *»Esser wird von Streicher bekämpft, vermutlich als*

Rivale«, heißt es in den Politischen Nachrichten der Polizeidirektion München.[88] Auch in Salzburg selbst herrschte Misstrauen und Missgunst. Hoffmann trat im Januar 1924 von allen Ämtern in der Partei und der SA zurück, weil Esser behauptet hatte, Hoffmann habe seinen Quartierswirt, den Rechtsanwalt Hawlitschek dazu veranlasst, bei der Salzburger Polizeidirektion die Ausweisung Essers zu beantragen. Hoffmann sagte hingegen, er könne *»mit notorischen Verleumdern und Ehrabschneidern keinerlei Gemeinschaft haben.«*[89] Ob Esser sich den Streitigkeiten zu entziehen suchte, indem er, wie berichtet wurde, nach Italien flüchtete, in Bologna Kontakt zu den italienischen Faschisten aufnehmen wollte oder ob er sich überhaupt in Italien aufhielt, ist nicht eindeutig geklärt.[90]

Auf jeden Fall blieb Esser bis zum März 1924 im Exil. Andere Nationalsozialisten kehrten schon früher nach Deutschland zurück. So gründete Rosenberg am 1. Januar 1924 wegen des Verbots der NSDAP die GVG.[91] In den ersten Monaten dürfte die Tätigkeit der GVG kaum über sporadische Versammlungen hinausgegangen sein, wenn auch in Zusammenarbeit mit dem *»Völkischen Block«* erste bemerkenswerte Wahlerfolge erreicht wurden.[92]

Am 1. August 1924 übernahmen schließlich Esser und Streicher den Vorsitz der GVG. Gemeinsam versuchten sie recht rabiat, *»einen Absolutheitsanspruch gegenüber anderen völkischen Gruppen«* durchzusetzen,[93] und trugen zugleich mit ihren oftmals beleidigenden Vorgehensweisen wesentlich zum weiteren Zerfall der Bewegung während Hitlers Haftzeit bei.[94] Hitler selbst klagte in Landsberg: *»Esser sei ein Windhund, den man dauernd an der Kandare halten müsse. Als Redner sei er zu gebrauchen, wenn man ihm seine Aufgabe zuweise und immer hinter ihm stände. Als Führer sei der 25-jährige Bub jedoch unmöglich und erst recht bei so komplizierten Verhältnissen, wie sie jetzt in der Bewegung herrschen.«*[95] Öffentlich nahm Hitler indes seinen jungen Weggefährten in Schutz und verteidigte ihn, denn – so Hitler – Esser habe »*mehr politischen Verstand in den Fingerspitzen als die ganze Schar seiner Anhänger im Hintern*«.[96]

In seiner Rede zur Neugründung der NSDAP am 27. Februar 1925, rief Hitler: »*Der Streit hat nun ein Ende.*«[97] Die Widersacher demonstrierten Einigkeit. Hermann Esser erhielt in der neugegründeten Partei die NSDAP-Mitgliedsnummer 2. Aber nicht alle Mitglieder der sich nun auflösenden völkischen Gruppierungen traten wieder in die Partei ein. Oft war zu hören, die Mitgliedschaft Essers und Streichers mache den Anschluss an die neue NSDAP unmöglich.[98]

Während sich Hitler erneut aus den parteiinternen Querelen zurückzog, um an seinen Buch »*Mein Kampf*« zu arbeiten, leitete Esser jedoch weiterhin die Geschäfte in der Münchener Parteizentrale. Die im Sommer 1925 von Gregor Strasser initiierte Arbeitsgemeinschaft der nord- und westdeutschen Gaue der NSDAP wollte nicht nur inhaltlich den »*sozialistischen*« Anspruch des Parteiprogramms wieder zur Geltung verhelfen, sondern wandte sich auch gegen die Münchener »*Esserdiktatur*«[99] und das »*grauenhaft tiefe Niveau*«, das der »*Völkische Beobachter*« unter Hermann Esser erreicht hatte.[100]

Joseph Goebbels, der sich zunächst der Arbeitsgemeinschaft Nordwest anschloss, notierte: »*Verdammter Idiot Esser. Ich mache diesen Byzantismus nicht mehr lange mit. Wir müssen an Hitler herankommen.*«[101] Dies gelang zunächst nicht. Nachdem Hitler auf einer von ihm einberufenen Tagung von etwa 60 Parteiführern am 14. Februar 1926 zwei Stunden lang zu »*wichtigen Fragen*«[102] sprach, musste die Arbeitsgemeinschaft aufgeben. Goebbels schreibt: »*Ich bin wie geschlagen. Welch ein Hitler? Ein Reaktionär? Fabelhaft ungeschickt und unsicher. […] Grauenvoll! Programm genügt! Zufrieden damit. Feder nickt. Ley nickt.*

Streicher nickt. Esser nickt. Es tut mir in der Seele weh, wenn ich Dich [Hitler] in der Gesellschaft seh!!!« [103] Die *»Stinkwut auf Hermann Esser«* [104] artikulierte sich in den folgenden Wochen in Goebbels Tagebuch.

Obwohl Hermann Esser immer wieder von Hitler in Schutz genommen wurde, hatte der *»Führer«* schon längst angewiesen, Esser solle *»wenigstens nach außen hin in der Versenkung«* verschwinden.[105] Im April 1926 war es endgültig soweit. Hitler entfernte Hermann Esser aus der Reichsleitung der NSDAP.[106] Am 16. September wurde Hermann Esser *»mit der propagandistischen und organisatorischen Leitung und Bearbeitung der Kreise Oberbayern (ausgenommen München) und Schwaben«* beauftragt.[107] Hermann Esser war mit 26 Jahren auf das Abstellgleis geschoben worden. Joseph Goebbels notierte euphorisch in seinem Tagebuch: *»Hitler hat mit Esser gebrochen. Deo gratias! Ein Lump weniger in der Reihe.«*[108]

In der Literatur ist darüber gerätselt worden, warum Hitler Esser nicht früher hatte fallen lassen. Konrad Heiden vermutet eine Frauengeschichte. Denn der verheiratete Esser habe eine ebenfalls verheiratete Geliebte in Nürnberg gehabt, für die sich auch Julius Streicher interessierte. Da der Ehemann der Frau zudem zu den fleißigen Spendern der Partei gehörte, habe Hitler das Verhältnis toleriert und sich zugleich erpressbar gemacht.[109]

Recht abenteuerlich sind auch die Vermutungen von Erwein von Aretin und Adolf Vogl. Sie behaupten, Esser habe Hitler wegen ausstehender Gehaltszahlungen erpresst und gedroht mit wichtigen Unterlagen über die NSDAP zu den Kommunisten oder zu den Franzosen überzulaufen.[110]

Bestes Argument gegen die verschiedenen Erpressungstheorien ist jedoch die Tatsache, dass Esser im April 1926 aus der Parteileitung der NSDAP ausgeschlossen wurde, aber nichts unternahm, was der Partei hätte schaden können. Die recht verbreiteten Gerüchte über Erpressungen und Frauengeschichten verdeutlichen aber einmal mehr, wie schlecht das Ansehen Essers in der Partei und Gesellschaft war. Ihm konnte man alles zutrauen.

Die Antwort auf die Frage, warum Hitler bis zum April 1926 an Esser festhielt, ist viel naheliegender. Auf der Neugründungsversammlung im Jahre 1925 hatte Hitler erklärt: *»Ich habe mich neun Monate jedes Wortes enthalten, nun führe ich die Bewegung, und Bedingungen stellt mir niemand«*.[111] Und getreu diesem Diktum wollte sich Hitler – wie schon 1921 – nicht vorschreiben lassen, mit wem er die Partei führte. Allein schon um sein eigenes Gesicht als *»Führer«* zu wahren, musste er auf einen passenden Zeitpunkt warten, in dem er Esser auf leisem Wege aus der ersten Reihe zurückziehen konnte.

Hitler hatte mit diesem Vorgehen am Ende zwei wesentliche Punkte erreicht: Erstens waren die Nationalsozialisten im Norden, die sich inhaltlich nicht durchgesetzt hatte, durch minimale personelle Zugeständnisse befriedigt, zweitens war Esser als ständiger Herd für Unmut und Unruhe ausgeschaltet. 1921 soll Hitler erklärt haben: *»Ich weiß, dass Esser ein Lump ist, aber ich behalte ihn nur so lange, als ich ihn brauchen kann.«*[112] Jetzt brauchte Hitler seinen Kumpanen Hermann Esser – vorerst – nicht mehr. Die NSDAP hatte die großen Krisen hinter sich, stand vereint und durch den Führerkult gefestigt hinter Adolf Hitler – nicht zuletzt Hermann Esser hatte wesentlich dazu beigetragen.

In der zweiten Reihe

Bis zur Machtübernahme der Nationalsozialisten im Jahre 1933 wurde es recht still um Esser. Als Bezirksführer von Oberbayern und Schwaben trat er im Mai 1927 zurück. Aus Presseberichten geht hervor, dass Esser aus Protest gegen den Parteiausschluss des SA-Führers Edmund Heines zurückgetreten sei: Heines hatte sich zuvor an einer Rebellion der Münchner SA gegen die Parteiführung beteiligt, weil sie ihm zu gemäßigt und bürokratisch war.[113] Adolf Hitler ließ indes den Rücktritt Essers mit seiner Arbeitsbelastung begründen.[114] Wahrscheinlich haben beide Gründe, der Protest gegen die Parteiführung und die Arbeit, gleichermaßen zum Rücktritt geführt. Denn Hermann Esser war seit Oktober 1925 Schriftleiter des *»Illustrierten Beobachters«* war, des einzigen von der Reichsleitung genehmigten illustrierten Parteiorgans[115] und versuchte sich zudem als Schriftsteller: 1927 erschien seine antisemitische Hetzschrift *»Die jüdische Weltpest«*, die den antisemitischen Schriften von Julius Streicher in nichts nachstand.[116]

Darüber hinaus war Esser in den folgenden Jahren Mitglied in mehreren parlamentarischen Gremien. Er vertrat die NSDAP von 1929 bis 1933 als Fraktionsführer im Stadtrat München. Von 1928 bis 1932 saß er im Kreistag in Oberbayern. Von 1932 bis 1933 war er schließlich Mitglied und zweiter Schriftführer im Bayerischen Landtags.

Zudem wirkte Esser nach wie vor als Redner und Versammlungsleiter. Noch immer trat er sehr oft zusammen mit Adolf Hitler auf und peitschte die Zuhörer ein, bevor Hitler das Wort ergriff.[117]

Allerdings traten jetzt die Merkmale seines Arbeitsstils hervor, die auch seine späteren Tätigkeiten im Bereich des Fremdenverkehrs kennzeichnen sollten – namentlich seine dreiste Faulheit und Unzuverlässigkeit. Am 26. April 1930 erhob beispielsweise die NSDAP-Ortsgruppe

Ulm/Neu-Ulm beim Untersuchungs- und Schlichtungsausschuss der Partei Klage gegen Esser.[118] Er hatte als Redner einer Versammlung der Ortsgruppe mit dem Thema *»Schwarz und Rot machen Deutschland tot«* zugesagt und angeordnet, Plakate zu kleben. Dann aber erkrankte Esser. Ein Ersatzredner konnte gefunden werden, der Auftritts Esser wurde auf Freitag, den 25. April, verschoben. Zu diesem Termin kam es nicht, auch wenn Esser erneut verbindlich zugesagt hatte. Auf Nachfrage teilte Essers Sekretärin mit, *»dass Pg. Esser nicht nach Ulm komme, sondern bereits weggegangen sei, da er am Freitag Abend mit Pg. General von Epp zu einer Theater-Premiere nach Augsburg fahre.«* Auch den telefonisch verständigten NSDAP-Geschäftsführer in Augsburg, der Esser dort am Bahnhof erwartet, um ihn an den Vortrag in Ulm zu erinnern, kanzelt Esser ab: *»Es fällt mir nicht ein, nach Ulm zufahren«*, sagte er. *»Was wollen sie denn überhaupt, das geht sie doch gar nichts an, was ich zu tun habe.«* Nicht nur Kosten waren in Ulm entstanden. Auch der politische Schaden war groß. *»Speziell Arbeiter riefen, dass sie nun in die Versammlung der Roten gehen würden, denn auf uns sei ja überhaupt kein Verlass, wir hätten offenbar Angst, über das angekündigte Thema zu sprechen.«* Bereits vier Tage später teilte der Untersuchungs- und Schlichtungsausschuss mit, Hitler habe entschieden, *»dass Pg. Esser für den der Ortsgruppe entstandenen Schaden aufzukommen habe.«* Außerdem werde *»Herr Hitler den Pg. Esser wegen seines Versäumnisses scharf zur Rechenschaft ziehen.«*[119] Seine Einstellung zur Arbeit änderte Esser in den folgenden Jahren indes nicht mehr. Fortan sollten die diesbezüglichen Klagen nicht mehr abreißen.

Staatsminister in Bayern

Die Machtübernahme der Nationalsozialisten am 30. Januar 1933 blieb zunächst ohne Einfluss auf die Biographie von Hermann Esser. Einen wichtigen Posten erhielt er nach Hitlers Einzug in das Reichskanzlerpalais nicht. Allerdings wurde er am 5. März 1933 in den Reichstag gewählt und war seit dem 12. November 1933 Reichstags-Vizepräsident.[120] Erst als Franz Xaver Ritter von Epp im März 1933 jedoch zum Reichskommissar für Bayern ernannt wurde,[121] bekam Hermann Esser, der Epp bereits aus den Freikorps-Tagen kannte, eine neue Aufgabe: Zunächst wurde er Staatskommissar zur besonderen Verfügung.[122] Am 12. April 1933 tritt er als Staatsminister ohne Geschäftsbereich und Chef der Staatskanzlei in die Regierung von Ludwig Siebert ein.[123]

Bereits in den ersten Monaten als bayerischer Staatsminister entfaltete Hermann Esser erste Aktivitäten auf dem Gebiet des Fremdenverkehrs und des Tourismus, in dem er bayerischen Staasbeamten verbot, ins Ausland zu reisen (vgl. S. 59).

Hermann Essers größtes Augenmerk galt jedoch der Presse. Er beanspruchte als Chef der Staatskanzlei nicht weniger als die Zuständigkeit für die »*Pressepolizei*« und verstand sich als »*Bayerischer Presseminister*«. Unter seiner Regie wollte er ein Bündel von Überwachungs-, Sanktionierungs- und Lenkungsmaßnahmen zusammenführen, um die Presse kontrollieren zu können.[124] Natürlich geriet Esser mit so weitreichenden Plänen schnell in Konflikt mit der Münchner Polizei unter Heinrich Himmler und dem bayerischen Innenministerium unter Adolf Wagner. Esser konnte sich nicht durchsetzen. Im Januar 1934 blieb ihm nur noch, die Politische Polizei zu bitten, »*von den in Presseangelegenheiten getroffenen Maßnahmen durch die Übersendung des Beschluss-Abdrucks*« informiert zu werden.[125]

Nachdem das »*Gesetz über den Neuaufbau des Reiches*« am 30. Januar 1934 erlassen worden war, wurden die Länder weitgehend gleichgeschaltet und ihre Regierungen verloren an Bedeutung. Vor diesem Hintergrund legte Adolf Hitler dem bayerischen Ministerpräsidenten Siebert nahe, Esser aus dem Kabinett zu entfernen. Esser sollten die Belange des Fremdenverkehrs im Reichsministerium für Volksaufklärung und Propaganda übertragen werden.[126] Bis es soweit war, verging allerdings nach einige Zeit. Denn vorerst gelang es Hermann Esser, den Ministerpräsidenten Siebert dazu zu bewegen, zu seinen Gunsten auf die Kompetenzen der Wirtschaft zu verzichten: Esser wurde am 24. März 1934 zum bayerischen Wirtschaftsminister ernannt.[127]

Doch bald schon wurde erneut über das Ausscheiden Essers aus der Regierung verhandelt, als Grund wurden nun »*persönliche Differenzen*« angeführt. Esser selbst kam mit den bayerischen Ministern Hans Frank und Hans Schemm darin überein, dass seine Demission mit einem »*Anerkennungsakt*« verbunden werden sollte, damit Esser »*nicht den mindesten Prestige-Verlust*« erleide. Die Amtsenthebung unterblieb ein Jahr lang aus »*unbekannten Gründen.*«[128] Schließlich trat Esser im Februar 1935 einen Krankenurlaub an und bat im März 1935 selbst um seine Demission.[129] Am 20. März 1935 wurde die Unterlassungsurkunde von Hitler unterzeichnet.[130]

Nach seinem Rückzug aus dem bayerischen Kabinett widmete er sich fortan gänzlich der Fremdenverkehrspolitik, die sich in diesen Jahren als recht neues Politikfeld etablierte.

Geschichte des Tourismus
vor 1933

Die Entstehung des modernen Tourismus

Seit jeher reist der Mensch. Kaufleute und Pilger, Gelehrte, Studenten und Handwerker, Künstler und Soldaten waren stets unterwegs. Profitstreben, Glaubenseifer, Forscherdrang und Wissensdurst, die Suche nach Arbeit und Kriege trieben Menschen immer wieder in die Ferne.[131]

Die vielen Wanderungen und Reisen der Antike und des Mittelalters kann man nur schwerlich unter den Begriff des Tourismus fassen, auch wenn beispielsweise die Pilgerreise viele Kennzeichnen des modernen Tourismus aufwies. Als »›Fossil‹ des modernen Tourismus« gilt hingegen die *grand tour*, die »*große Reise*«, die im 17. und 18. Jahrhundert junge englische Adlige und die Sprösslinge des wohlhabenden Bürgertums auf die Reise durch Europa führte.[132] Mit der *grand tour* wurde das Reisen zum Selbstzweck. Das Kennenlernen von Land und Leuten sowie die damit verbundene Bildung und Erziehung war fortan das hauptsächliche Reisemotiv, denn die jungen Menschen sollten auf der oft jahrelangen Reise für ihre zukünftige, elitäre Stellung in der Gesellschaft vorbereitet werden.[133] Deshalb musste die Reise eingebettet bleiben in die strengen gesellschaftlichen Konventionen ihrer Zeit. Die Reiseroute war kanonartig festgelegt, ein Tutor begleitete den *grandtourist*.[134] Standesgemäß wurden während der großen Reise die Reit-, Fecht- und Tanzkunst vervollkommnt. Und selbst wenn man »*vielleicht dann und wann einmal, weil man jung war, die Zeit auch anders tot*«schlug,[135] diente der Bordellbesuch der Initiation des Reisenden in die Welt der Erwachsenen, »*um nicht jedes Mal als Einfaltspinsel dazustehen, wenn einer Gesellschaft der Sinn nach einer Unterhaltung über heikle Themen steht*«, wie John William Polidori schrieb.[136]

So war die *grand tour* auf vielfältige Weise in den gesellschaftlichen Strukturen ihrer Zeit verankert. Es fehlte ihr indes die »*Weg-von-Motivation*«, die als »*Kennzeichen der Urlaubsreise im 20. Jahrhundert*« betrachtet werden kann.[137] Die treffende Charakterisierung des modernen Tourismus von Hans-Magnus Enzensberger als »*Fluchtbewegung aus der Wirklichkeit, mit der unsere Gesellschaftsverfassung uns umstellt*«, trifft auf die *grand tour* noch nicht zu.[138]

Erst mit der Industrialisierung wuchs das Verlangen, der Hektik und der Nervosität zu entkommen, die mit der neu entstehenden Wirtschafts- und Gesellschaftsordnung die Gesellschaft durchdrang.[139] Ein anonym bleibender Autor fasste den neuen Zeitgeist treffend in der Zeitschrift »*Carinthia*« zusammen: »*Je intensiver aber in jeder Richtung, je reicher das Leben an Arbeit, je anstrengender der Erwerb, je mehr Thatkraft eines Jeden in dem allgemeinen Kampf um das Leben in Anspruch genommen wird, desto mehr macht sich aber auch Jedem früher oder später, mehr oder weniger das Bedürfnis zeitweiliger Ruhe und Erholung von der Anstrengung der Arbeit, einer kurzen Rast im Wettlaufe des Lebens fühlbar, um ›procul negociis‹ fern im Wald und Gebirg sich zu erholen und zum Bewusstsein zu bringen, dass er doch noch mehr als eine Firma der Handelswelt oder eine Nummer des Staatsschematismus sei.*«[140]

In dem Moment, indem die Reise nicht mehr Mittel zur Initiation in die Gesellschaft war, sondern eine Gegenwelt zum Alltag, eine »*Flucht*« wurde, musste sie sich von der gesellschaftlich fixierten Form der *grand tour* lösen; der Tutor, der den Reisenden begleitet und beaufsichtigt hatte, verschwand – und kehrte als Reiseleiter, Stadtführer, später als Animateur zurück. Die Reiseziele verloren ihre kanonartige Festlegung, die Reise wurde individualisiert. Jetzt reiste man an das Meer, aus ehemals kleinen, englischen Fischerorten wie Brighton und Scarborough wurden mondäne Seebäder, nun besuchte man die Schweiz, man verbrauchte die Ferien an der Cote d'Azur.

Waren bei der *grand tour* vor allem Engländer die Protagonisten des Reisens gewesen, wurden im 19. Jahrhundert auch die Deutschen touristisch mobil. Der Kururlaub in Baden-Baden und am Meer diente bald mehr dem Vergnügen als der Gesundheit, der Skitourismus in den Alpen, die Sommerfrische und die Bildungsreise in große Städte tauchten in der Geschichte des Reisens auf. Starre Formen, wie die Reise und der Urlaub zu gestalten war, gab es nicht mehr.[141] Zugleich entstanden neue Standardisierungen, die bis heute Markenzeichen des modernen Tourismus sind. 1835 erschien der erste »*Baedeker*«, ein von Karl Baedeker verfasstes Buch, das als erster moderner Reiseführer gilt. Ab 1846 vergab Baedeker Sterne für Sehenswürdigkeiten und führte damit eine neue Normierung der Reise ein. Fortan galt es, die als *sehenswert* ausgezeichneten Orte sehen zu *müssen*.[142]

Spätestens um 1870 war die Zahl der Reisenden so stark angewachsen, dass der Begriff »*Massenreisen*« zum Topos in der zeitgenössischen Literatur wurde.[143] Die berühmteste Aufführung stammt von Theodor Fontane: »*Alle Welt reist. So gewiss in alten Tagen eine Wetter-Unterhaltung war, so gewiss ist jetzt eine Reise-Unterhaltung. ›Wo waren Sie in diesem Sommer‹, heißt es von Oktober bis Weihnachten; ›wohin werden Sie sich im nächsten Sommer wenden?‹ heißt es von Weihnachten bis Ostern; viele Menschen betrachten elf Monate des Jahres nur als eine Vorbereitung auf den zwölften, nur als Leiter, die auf die Höhe des Daseins führt. Um dieses Zwölftel willens wird gelebt, für dieses Zwölftel wird gedacht und gedarbt; [...] elf Monate muss man leben, den zwölften will man leben.*«[144]

Gleichwohl darf der Begriff »*Massenreise*« nicht darüber hinweg täuschen, dass das Reisen im 19. Jahrhundert ein Privileg der bürgerlichen Oberschicht blieb.[145] Arbeiter hatten keinen Anteil am Tourismus. Es fehlte ihnen nicht nur an Geld, auch hatten sie keinen Anspruch auf Urlaubstage.[146] Die »*Fluchtbewegung aus der Wirklichkeit*« führte häufig in die Kneipe und zum Alkohol.

Auf diese Entwicklung antwortete wiederum Thomas Cook, der als »*Stammvater der Reisebüros*« gilt.[147] Thomas Cook war Temperenzler und hatte sich dem Kampf gegen Alkohol und Alkoholmißbrauch verschrieben. Er begann in der Mitte des 19. Jahrhunderts, Tagesausflüge für die englischen Arbeiter zu veranstalten, um sie vom Alkohol fernzuhalten. Erstmals organisierte er am 5. Juli 1841 einen Ausflug von 570 Arbeitern, die mit der Eisenbahn von Leichester in das 25 km entfernte Loughborough fuhren, wo eine Versammlung der Temperenzler stattfand. Das Vergnügen kostete einen Shilling für Hin- und Rückfahrt. Es gab belegte Brötchen, Spiel und Tanz – bis auf den Alkohol »*all inclusive*«. Wenig später begann Cook, die knapp bemessene Freizeit der Arbeiter durch so genannte Mondscheinfahrten zu nutzen, indem er Samstags nach Feierabend Extrazüge von den Midlands zu den Seebädern fahren ließ, wo die Arbeiter ihren freien Sonntag verbringen konnten, bis der Nachtzug sie pünktlich zum Arbeitsbeginn am Montag zu den Fabriken brachte.[148]

Als Thomas Cook jedoch dazu überging, mehrtägige Fahrten anzubieten, traten die frühen Ansätze zu einer »*Demokratisierung des Reisens*« in den Hintergrund. Die Angebote von Thomas Cook wurden immer elitärer; bald waren bei Thomas Cook Reiseziele in der ganzen Welt verfügbar. Arbeiter konnten sich die Reisen finanziell und zeitlich nicht leisten. Thomas Cook, der einst Arbeiterausflüge veranstaltete hatte, organisierte 1898 die Palästinareise des deutschen Kaiser Wilhelm II.[149]

Dass der deutsche Kaiser ausgerechnet die Dienste eines englischen Reisebüros in Anspruch nahmen, sorgte in Deutschland für großen Unmut, denn in Deutschland waren in den letzten Jahrzehnten mehrere Reisebüros entstanden, denen auch Palästina längst kein unbekanntes

Reisegebiet mehr war. Die deutschen Reisebüros – allen voran Johannes Rominger, Stuttgart 1842, Karl Riesel, Berlin 1854, und Carl und Louis Stangen, Berlin 1863 – waren oftmals aus Auswanderungsagenturen hervorgegangen, die Schiffspassagen in die Neue Welt organisierten. Anders als Thomas Cook waren diese Reisebüros jedoch von Beginn an auf eine wohlhabende Kundschaft ausgerichtet, die sich weite, lange und dementsprechend teure Reisen leisten konnten.[150]

Um den Arbeiter bemühten sich im deutschsprachigen Raum Arbeitervereine und Gewerkschaften, die am Ende des 19. Jahrhunderts begannen, Ausflüge zu veranstalteten. 1895 wurde in Wien der proletarische Touristenverein »*Die Naturfreunde*« (TVDN) gegründet, der nach der Jahrhundertwende zahlreiche Ableger im Deutschen Reich fand. Andere Vereinigungen entstanden, wie der Arbeiter-Wanderbund »*Die Naturfreunde*«, der außer dem Namen wenig gemein hatte mit dem Touristenverein in Wien.[151] Wanderungen sollten den Arbeitern die Möglichkeit geben, »*dem Staub und der Enge der Großstadt auf kurze Zeit zu entfliehen*«.[152] Mit dem kommerziellen Angeboten Cooks hatten diese Vereine die Ablehnung des Alkohols und anderer Süchte gemein. Denn auch hier hieß es: »*Alkohol, Tabak und Spielkarten sind keine guten Wandergefährten!*«[153] 1909 errichtete der Bund der technischen Angestellten in Sondershausen ein Ferienhaus für seine Mitglieder, das zum Modell zahlreicher gewerkschaftseigener Heime wurde, die nach dem Ersten Weltkrieg entstanden.[154]

Beflügelt wurde diese Entwicklung, als die Gewerkschaften in der Weimarer Republik erste, magere Urlaubsansprüche durchsetzen konnten. Jetzt konnten auch Arbeiter Urlaubsreisen von mehreren Tagen unternehmen.[155] In den zwanziger Jahren des 20. Jahrhunderts entstand eine »*proletarische*«, touristische Infrastruktur, indem zahlreiche Gewerkschafts- und Volkshäuser um Fremden- und Ferienheime sowie Hotels erweitert wurden. 1932 existierten nach der Zählung von Christine Keitz 82 Ferienheime für Arbeiter in Deutschland.[156] Selbst die von den Nationalsozialisten so hervorgehobenen Schiffreisen mit den Dampfern der NS-Organisation KdF hatten Vorläufer in der Weimarer Republik. Das 50 Meter lange Motorkabinenschiff »Baldur« wurde 1924 im Auftrag des Vereins »Grüne Heide e. V.« gebaut und kreuzte seitdem mit Arbeitern an Bord auf deutschen Binnengewässern.[157] Vor dem Hintergrund der starken Zunahme von Arbeiterreisen in der Weimarer Republik wird oft vergessen, dass die Menschen aus dem bürgerlichen und wohlhabenden Lager noch immer den größten Teil der Reisenden stellten. Allerdings zeigte sich hier ein gewisser Hang zur Sparsamkeit. Die Wirtschaftskrisen der 1920er Jahre führten zu einem deutlichen Rückgang der Übernachtungszahlen in Hotels. Im Gegenzug profitierten preiswertere Unterkünfte und die Vermieter von privaten Gästezimmern, die oft ein Zubrot verdienten.[158]

Beide Traditionen, der Arbeitertourismus und der individuelle Tourismus des Bürgertums, setzten sich nach 1933 unter den Nationalsozialisten fort. Die NS-Gemeinschaft KdF organisierte Reisen für Arbeiter und Angestellte, die nicht zuletzt eine große propagandistische Wirkung erzielten und daher bis heute das Bild vom Reisen im nationalsozialistischen Deutschland prägen. Zugleich gab es aber auch nach 1933 unzählige privaten Reisen, die an Zahl und Umfang die Reisen der KdF deutlich übersteigen.

Schließlich schloss das nationalsozialistische Deutschland nach 1933 an eine weitere Entwicklung an, die bereits in den Jahren zuvor begonnen hatte: Tourismus wurde zu einem Gegenstand der Politik – die Fremdenverkehrspolitik bildete sich seit dem ausgehenden 19. Jahrhundert heraus.

Fremdenverkehr und Politik vor 1933

Denn die Vielfalt und die Differenzierung der Zielorte, Reiseformen und die damit einhergehende Vervielfachung der Reiseveranstalter und Beherbergungsunternehmen sowie das wachsende Fremdenverkehrsaufkommen führten nicht nur zu einem gesteigerten Konkurrenzdruck im Fremdenverkehrsgewerbe, sondern verlangten auch nach belastbaren politischen Regelungen.[159]

Zunächst wurde Fremdenverkehrspolitik lokal gedacht und bedeutete in erster Linie, Gäste in den eigenen Ort oder das eigene Hotel zu locken. So verstanden war Fremdenverkehrspolitik vor allem Fremdenverkehrswerbung, die lokal betrieben wurde und der Förderung des Fremdenverkehrs in den einzelnen Orten dienen sollte. Daher blieb die Fremdenverkehrspolitik oftmals privaten, regionalen Initiativen überlassen, die unmittelbar die Interessen des privatwirtschaftlichen Fremdenverkehrsgewerbes verfolgten. Um die Effizienz zu steigern, schlossen sich einzelne Fremdenverkehrsunternehmen zu Verkehrsvereinen zusammen. Bis zum Jahre 1900 waren im deutschen Kaiserreich rund 200 solcher Vereine und erste regionale Zusammenschlüsse wie der »*Verband sächsischer Verkehrsvereine*« entstanden.[160]

Um die Jahrhundertwende gründeten sich zwei große Dachorganisationen. 1892 entstand der Allgemeine Deutscher Bäderverband (ADB), in dem sich die deutschen Badeorte zusammengeschlossen hatten.[161] Zehn Jahre später konstituierte sich der Bund Deutscher Verkehrs-Vereine (BDV), der sich als Dachverband der lokalen Verkehrsvereine verstand und am Vorabend des Ersten Weltkriegs fast alle Verkehrsvereine des Reiches zusammenfasste.[162] In der Satzung hieß es zu den Aufgaben und Zielen: »*Der BDV bezweckt die Förderung der deutschen Verkehrsinteressen seiner Mitglieder mit Rat und Tat, sowohl untereinander als seitens des Bundes.*«[163] Dies beinhaltetet:

- Verbesserung der Verkehrsmittel und Verkehrsverbindungen hinsichtlich Qualität und Geschwindigkeit
- Dezentralisation der Sommerferien der Unterrichtsanstalten
- Errichtung eines Archivs für Arbeitsmaterial und Werbemittel
- wirkungsvolle Werbung im In- und Ausland
- Schaffung einer Informations- und Werbezeitschrift
- Aufklärung von Öffentlichkeit und Behörden über die Bedeutung der Fremdenverkehrsarbeit.

Zur Auslandswerbung bestanden bereits im Jahre 1910 rund 50 Informationsbüros des BDV im Ausland, die durch Verträge mit den großen Schiffsreedereien Hapag und Norddeutscher Lloyd ins Lebens gerufen worden waren. Zudem wurde seit 1910 die Zeitschrift »*Deutschland – Zeitschrift für Heimatkunde und Heimatliebe. Organ für die deutschen Verkehrs-Interessen*« herausgegeben.[164]

Bis in den Ersten Weltkrieg hinein gelang es jedoch nicht, den Staat zu einer eigenen Fremdenverkehrspolitik zu bewegen. Lediglich in Einzelfällen wurden Staat oder Kommunen aktiv. So wurde 1904 in Kassel zum ersten Mal ein kommunales Verkehrsamt gegründet.[165] Im Jahre 1907 gab das Kaiserlichen Gesundheitsamt zum ersten Mal ein

»Deutsches Bäderbuch« heraus, in dem erstmals alle deutschen Heilquellen umfassend dargestellt wurden.[166] Doch diese Maßnahmen blieben Einzelfälle.

Erst im Ersten Weltkrieg wurde der Staat gezwungen, in den Fremdenverkehr einzugreifen und *»praktische Fremdenverkehrspolitik«* zu betreiben. Doch nun ging es nicht um Förderung, sondern um die Eindämmung des Fremdenverkehrs. Denn der Fremdenverkehr bedeutete eine große Belastung für die Kriegswirtschaft. So wurde in Bayern 1915 verlangt, dass die Gäste, *»solange sie sich in Bayern aufhielten, sich ihr Brot und Mehl von daheim schicken lassen sollten, da der erhöhte Bedarf, den der Fremdenverkehr mit sich brachte, aus der den Kommunalverbänden zustehenden Mengen nicht ohne Schädigung der einheimischen Bevölkerung entnommen werden könne.«*[167]

Parallel zu diesen vorsichtig restriktiven Maßnahmen tauchten noch im Krieg Überlegungen auf, wie man *»eine neue nach einheitlichen Gesichtspunkten aufgebaute deutsche Fremdenverkehrspolitik mit ebenso zentral gesteuerter Werbung aufziehen könne«.* Es wurde vorgeschlagen, einen *»Deutschen Verkehrs-Rat«* mit weitreichenden Befugnissen zu gründen.[168] Doch dieses Vorhaben wurde nicht umgesetzt und erst 1929 wieder aufgegriffen.

Stattdessen engagierte sich der Staat noch während des Ersten Weltkriegs bzw. in der unmittelbaren Nachkriegszeit auf dem fremdenverkehrspolitischen Gebiet mit der Gründung und der finanziellen Beteiligung am Deutschen Reisebüro (DER), aus dem wenig später das Mitteleuropäische Reisebüro (MER) hervorging, und der Reichsbahnzentrale für Deutsche Verkehrswerbung (RDV). DER, MER und RDV stellten eine nicht zu unterschätzende *»touristische Modernisierungsleistung«* dar.[169] Sie unterstützen in den folgenden Jahren den Tourismus durch ein einheitliche Fahrscheinsystem, Werbung und weitere Serviceleistungen. Organe einer selbstständigen und wirkungsvollen

Fremdenverkehrspolitik waren DER, MER und RDV indes nicht.

Die hauptsächliche Fremdenverkehrspolitik der Weimarer Republik spielte sich wie zuvor nahezu vollkommen im lokalen Raum ab. Anders als im Kaiserreich fand sie jedoch nun verstärkt Eingang in die kommunale Verwaltungsarbeit. Immerhin standen im Jahre 1928 181 kommunalen Verkehrsämtern 700 lokale Verkehrsvereine gegenüber.[170] Die im Ersten Weltkrieg entstandenen Gedanken über eine zentrale, staatliche Stelle für die Fremdenverkehrspolitik wurden erst 1929 wieder aufgegriffen. Am 11. Dezember 1929 erfolgte die Gründung der »*Reichsarbeitsgemeinschaft für deutsche Verkehrsförderung*«, in der neben den Spitzenverbänden des Fremdenverkehrs (ADB und BDV), der Reichsbahn, dem Deutsche Industrie- und Handelstag auch zahlreiche Ministerien vertreten waren.[171] 1930 wurde die Reichsarbeitsgemeinschaft in »*Reichsarbeitsgemeinschaft für Fremdenverkehr*« und 1931 in »*Reichsausschuss für Fremdenverkehr*« (RAF) umbenannt. Um bei den vielfältigen Interessen handlungsfähig zu bleiben, wurde über dem Reichsausschuss der »*Hauptausschuss für Fremdenverkehr*« mit nur wenigen Mitgliedern gebildet, der am 7. Februar 1931 von den Reichsministerien als »*die maßgebende und zusammenfassende Vertretung der am Fremdenverkehr praktisch beteiligten Kreise*« offiziell anerkannt wurde.[172]

Im Sommer 1933 schrieben die Nationalsozialisten den »*Reichsausschuss für Fremdenverkehr*« gesetzlich fest und legten damit einen Grundstein für die Gleichschaltung des Fremdenverkehrs.

Von ebenso großer Bedeutung für die Fremdenverkehrspolitik nach 1933 war eine Satzungsänderung des BDV, die unter dem nur sechsmonatigen Vorsitz des Kölner Oberbürgermeisters Konrad Adenauer[173] im Jahre 1930 beschlossen wurde. Bislang waren sowohl lokale Verkehrsvereine als auch regionale Zusammenschlüsse einzelner Verkehrsvereine, sogenannte Verkehrsverbände, Mitglieder des Bundes. Nun wurde der »*Bund Deutscher Verkehrs-Vereine*« zum »*Bund Deutscher Verkehrsverbände*«, in dem ausschließlich Regionalverbände die Mitgliedschaft erhalten konnten, während die Verkehrsvereine wiederum ausschließlich Mitglieder der Verkehrsverbände sein sollten.[174] Was auf dem ersten Blick wie eine Nebensächlichkeit aussieht, entfaltete nach 1933 seine Wirkung: Die ersten Maßnahmen, die Hermann Esser ergriff, nachdem er im Sommer 1933 den Vorsitz des Bundes übernommen hatte, zielten auf die strikte Umsetzung dieser Satzungsänderung aus dem Jahre 1930. Denn nur die strenge Gliederung in Bund, Landesverbände und Verkehrsvereine auf lokaler Ebene ermöglichte die Durchsetzung des »*Führer-Prinzips*« mit Hermann Esser an der Spitze.[175]

Zusammenfassend lässt sich feststellen, dass die Fremdenverkehrspolitik bereits vor 1933 begann, zu einem eigenständigen Politikfeld zu werden. Die Nationalsozialisten konnten daran anschließen und die bestehenden Einrichtungen gleichschalten und für Ihre Zwecke nutzen.

Hermann Esser und der
Fremdenverkehr im
Nationalsozialismus

Zwei Entwicklungen trafen Ende der 1920er Jahre aufeinander: Die Fremdenverkehrspolitik erschien auf der politische Agenda, zeitgleich verlor Hermann Esser seinen Einfluss in der NSDAP. In die hinteren Reihen zurückgedrängt, verstand es Hermann Esser den Tourismus als Aufgabenfeld zu nutzen, um sich selbst innerhalb der NSDAP und in dem wenig später entstehenden NS-Staat zu behaupten.

Zwischen Wirtschaft und Volksgemeinschaft

Schon Ende der 1920er Jahre hatte sich Hermann Esser mit dem Fremdenverkehr befasst, wie er 1933 feststellte: »*Ich habe unser Land Bayern als einer der ältesten Nationalsozialisten und Propagandaredner der Partei bei vielen Reisen und Wanderungen kennengelernt. Ich habe dabei auch viele Gesichtspunkte gewonnen, die für den Fremdenverkehr von Wichtigkeit sein können.*«[176] Spätestens nach seiner Ernennung zum Bezirksführer in Oberbayern und Schwaben wirkte Hermann Esser in einer Region, deren einzige nennenswerte wirtschaftliche Kraft im Fremdenverkehr lag. Nach dem Ersten Weltkrieg hatte der Tourismus verstärkt Oberbayern erschlossen, norddeutsche Sommerfrischler hatten dort maßgeblich zum wirtschaftlichen Aufschwung beigetragen.[177] Ende der zwanziger Jahre setzte sich in der Wirtschaftskrise sogar die sehr modern anmutende Auffassung durch, dass der Fremdenverkehr »*die oberbayerische Industrie*« sei.[178] So war es nichts Ungewöhnliches, dass auch Hermann Esser im bayerischen Fremdenverkehr eine »*Schlüsselindustrie*« für die Region sah.[179]

Auch andere Regionen machten positive Erfahrung mit der Wirtschaftskraft des Tourismus, doch in der NSDAP erkannten nur wenige die Bedeutung. Noch 1928 hatte der spätere Gauleiter von München, Adolf Wagner, im Bayerischen Landtag beiläufig erklärt: »*Es ist an sich, so notwendig es selbstverständlich ist, über die Belange des Fremdenverkehrs [...] zu sprechen, unsinnig, wenn man sich mit den kleinen Dingen beschäftigt, über sie spricht und darüber die gewaltigen Probleme vergisst und an ihnen vorbeigeht. [...] Ich sagte eben schon, das Wesentliche ist nach unserer Auffassung eine Änderung unserer ganzen reparationspolitischen Einstellung, eine Änderung des parlamentarischen Systems, eine Änderung in der Verwaltung der Geldwirtschaft, Verstaatlichung der Banken.«*[180] Fremdenverkehr und Tourismus spielten hierbei keine Rolle.

Allein der Nationalsozialist Hermann Esser entdeckte im Fremdenverkehr *sein* Aufgabengebiet – nicht zuletzt weil er kaum die Aussicht darauf hatte, in einem der »*wesentlichen*« Politikbereiche eine bedeutende Rolle zu spielen. So erblickte er in der Fremdenverkehrspolitik auch eine persönliche Chance.

Die ersten Ausführungen Hermann Essers zu diesem Thema sind in den stenographischen Mitschriften des oberbayerischen Kreistages überliefert, wo Hermann Esser quasi als fremdenverkehrspolitischer Sprecher der NSDAP-Fraktion auftrat.[181] Originelle Konzepte und eigenständige Ideen entwickelte er nicht. Vielmehr spiegelt sich in den Debatten des Oberbayerischen Kreistags wider, wie sehr Esser im fremdenverkehrspolitischen Konsens seiner Zeit verwurzelt war. Meist ging es um finanzielle Zuschüsse für Verkehrsverbände. »*Wenn der Fremdenverkehrsverband zur Durchführung einer Fremdenverkehrswerbung Geld benötigt,*« so sagte Hermann Esser, »*so wird ihm das nur Kurzsichtigkeit und Verbohrtheit verwehren wollen, und wir denken nicht daran, diesem Bestreben unseren Beistand zu versagen, weil wir der Meinung sind, dass es nottut, in der Welt Propaganda zu machen für die Schönheiten unserer Heimat, und dass dabei unter allen Umständen ein Gewinn herausspringen kann – wir sehen hier nicht nur die materielle, sondern auch die ideelle Sache dieser Ange-*

legenheit – und wir würden die letzten sein, die eine solche Sache nicht unterstützen würden.«[182] Auch wenn Hermann Esser hier die »*ideelle Sache*« betont, so zweifelte er nicht daran, dass der Fremdenverkehr zum Aufbau der deutschen Wirtschaft beitragen sollte. In der stark belasteten Volkswirtschaft nach dem Ersten Weltkrieg war der Besuch ausländischer Gäste sehr willkommen. Er unterstützte die heimische Wirtschaft und verbesserte die Zahlungsbilanz gegenüber dem Ausland. Zugleich aber galt es, Inländer dazu zu bewegen, ihren Urlaub in Inland zu verbringen, damit das in Deutschland verdiente Geld nicht ins Ausland abfloss. Diese Argumentation war nicht neu. Schon im Kaiserreich hatte der BDV gefordert: »*Deutsche, reist in Deutschland!*«. In der Weimarer Republik erlebte diese Kampagne weit über die Interessenverbände hinaus neuen Aufwind, bis sie noch vor der Weltwirtschaftskrise quasi zum Allgemeingut wurde, das sich längst nicht nur nationale oder gar völkische Kreise aneigneten.[183] Selbst der Sozialdemokrat Eugen Ruf führte in der Debatte des Oberbayerischen Kreistages vom 29. Mai 1929 aus: »*Aber gerade die Herrschaften, die nicht unseren Reihen zuzuzählen sind, tragen ihr Geld, wenn sie eines übrig haben, nicht an die oberbayerischen Kurorte oder überhaupt an die deutschen Plätze, sondern suchen im Ausland ihre Erholung und sie wollen fremde Länder und Sitten kennen lernen, während sie sehr oft unsere schöne deutsche Heimat nicht kennen. Wir haben alle Veranlassung, den Hebel anzusetzen, dass nach der Richtung hin eine Veränderung eintritt.*«[184] So war denn auch die vehemente Propaganda der Nationalsozialisten im Ausland für Deutschlandreisen und die stetige Aufforderung an die Deutschen, im eigenen Lande zu reisen, nichts Neues.

Selbst die berühmte Tausend-Mark-Sperre, mit der im April 1933 eine Gebühr von 1000 RM für Reisen nach Österreich erhoben wurde, hatte »demokratische« Vorläufer.[185] Bereits 1924 und 1931 wurden vorübergehend Auslandsreisegebühren eingeführt, um eine durch Devisengeschäfte erzeugte Inflation der inländischen Währung zu verhindern.[186] »*In der Presse wurde ich wegen dieser Reiseauflage heftig angegriffen, nur nicht von den Völkischen, die mich in diesem Falle sogar lobten*«, erinnerte sich Reichskanzler Hans Luther, der die Gebühren 1924 eingeführt hatte.[187] Problemlos konnten die Nationalsozialisten so an »*republikanische*« Vorbilder anschließen.

Erst später finden sich fragmentarisch bleibende Äußerungen Hermann Essers, die der Fremdenverkehrspolitik eine weitere Bedeutung zumessen. So erklärte Esser 1936, die Fremdenverkehrspolitik »*ein Werkzeug zur Sicherung des Erfolges der nationalsozialistischen Revolution des Jahres 1933. [...] Wir müssen mit unserer Arbeit Garanten dafür sein, dass das Vertrauen des gesamten deutschen Volkes zu der neuen Staatsführung dauernd erhalten bleibt und in immer stärkerem Maße untermauert wird.*«[188]

Es fällt auf, dass sich Hermann Esser hier diverser Floskeln bedient, die auch in anderen Politikbereichen oft verwendet wurde. Intellektuelle Anstrengungen unternahm Esser nicht, um die Bedeutung des Fremdenverkehrs auch über die wirtschaftlichen Faktoren hinaus zu betonen. Auffällig ist zudem, dass ein zentraler Begriff fehlt: Hermann Esser spricht so gut wie gar nicht von der »*Volksgemeinschaft*«. Denn er war sich offensichtlich bewusst, dass der private Fremdenverkehr, den er zu beeinflussen suchte, wenig mit der »*Volksgemeinschaft*« zu tun hatte.

»*Volksgemeinschaft*« – das war eher die Sache der KdF, die Robert Ley ins Leben gerufen hatte.[189] Mit der KdF schlossen die Nationalsozialisten an den gewerkschaftlichen Tourismus in der Weimarer Republik an und instrumentalisierten den »*reisenden Arbeiter*« für ihre Politik. Insofern wurden die KdF-Reisen propagandistisch ausgeschlachtet, so dass sie bis heute die Diskussion um den Tourismus im Nationalsozialismus prägen. Hermann Esser hingegen kam über die Versatzstücke aus der nationalsozialistischen Propaganda kam nicht hinaus, wenn er die Fremdenverkehrspolitik, die er betrieb, begründen wollte. Eine auch nur annährungsweise starke und nachhaltige Propaganda konnte er nicht entwickeln.

Nach 1933 änderte sich nichts an der grundlegenden Auffassung, dass der Fremdenverkehr in erster Linie der Wirtschaftsförderung dienen solle.

Bund Deutscher Verkehrsverbände

Doch fortan konnte Hermann Esser darauf vertrauen, dass mit der Machtübernahme neue Möglichkeiten entstanden, die altbackenen fremdenverkehrspolitischen Forderungen durchzusetzen. Er zeigte einen starken »*Willen zur Macht*«. »*Man soll [...] den Fremdenverkehr auch nicht hier und da an ein Ministerium anhängen, sondern ihn zu einem Hauptbestandteil der Regierung machen*«, erklärte er im Juni 1933 und brachte damit nicht weniger als den Wunsch nach einem eigenständigen Fremdenverkehrsministerium zu Ausdruck. Doch damit konnte sich Hermann Esser nicht durchsetzen. Erst 1939 stieg Hermann Esser in den Rang eines Staatssekretärs im Propagandaministerium auf, ein eigenes Ministerium erhielt er indes nie.

Die Grundlage dafür, dass er dennoch zum »*Leiter des Fremdenverkehrs*« werden konnte, wurde im Juni 1933 gelegt, als er den Vorsitz des BDV übernahm.[190] Als Vorsitzender des BDV und Staatsminister in Bayern traf er die erste fremdenverkehrspolitische Entscheidung: Er verfügte, dass bayerische Staatsbeamte nicht mehr im Ausland Urlaub machen durften. Wenn die Staatsdiener hingegen mindestens zwei Wochen ihres Urlaubs in der wirtschaftlich stark notleidenden Bayerischen Ostmark verbrachten, wurde die ihnen zustehende Urlaubszeit um zwei Tage verlängert.[191] »*Die Existenz des Beamten wird gewährleistet durch die Gesamtheit*«, erklärte Esser hierzu. »*Der Beamte muss deshalb auch der Gesamtheit dienen und die Wirtschaft erhalten, die ihn erhält. In Zeiten der ruhigen und glücklichen Entwicklung kann man von solchen Zwange absehen, aber in diesen Zeiten der Not ist es nicht möglich.*«[192]

Weitere konkrete Maßnahmen auf dem Gebiet des Tourismus erfolgte zunächst nicht, da Hermann Esser vor allem damit beschäftigt war, die Gleichschaltung der bestehenden Verbände voranzutreiben. Denn, so führte Esser aus: »*Es kann nur eine Spitzenorganisation, den Bund, geben, und als Führer des Bundes muss ich mit allem aufräumen, was noch von dem alten Kantönligeist erfüllt ist.*« Das Führerprinzip sollte eingeführt und demokratische Strukturen ausgeschaltet werden: »*Wenn man sich herumraufen muss mit einem Parlament von Vereinen, um Eifersüchtelein und Streitigkeiten zu schlichten, gehen die besten Arbeitsplätze verloren und die wirklichen Aufgaben bleiben unerfüllt.*«[193] Ein wichtiger Schritt, um dieses Ziel zu erreichen, war die Auflösung des Bäderverbandes ADB. Sein Vermögen wurde dem BDV übertragen, der fortan den Namen »*Bund Deutscher Verkehrsverbände und Bäder*« trug.[194]

Auch wenn der Bund eine »*private*«, d. h. vereinsrechtlich organisierte Interessensvertretung der Verkehrsverbände und Kurverwaltungen blieb, stellte er eine starke Ausgangsbasis für Hermann Esser dar, weil im »*Bund*« jene Stellen vertreten waren, die vor Ort und tagtäglich Fremdenverkehrsarbeit leisteten.

Im Herbst 1934 konnte Esser sogar stolz verkünden, »*dass der Führer ihn ermächtigt habe, im Einvernehmen mit dem Reichspropagandaminister Dr. Goebbels alle Maßnahmen zu treffen, um dem deutschen Fremdenverkehr auch in dem kommenden Arbeitsjahr die nötigen Erfolge zu verschaffen und zu sichern. Von dieser Ermächtigung werde er weitestgehend Gebrauch machen.*«[195]

Parallel vollzog sich eine weitere wichtige Entwicklung auf dem Gebiet der nationalsozialistischen Fremdenverkehrspolitik, ohne dass Hermann Esser darauf Einfluss nehmen konnte: Mitte Mai 1933 erhoben sowohl das Reichsverkehrsministerium als auch das neue Propagandaministerium den Anspruch, die Kontrolle über die bisherigen Institutionen des Fremdenverkehrs, insbesondere über den 1930 ins Leben gerufenen Reichsausschuss für Fremdenverkehr (RAF) zu erhalten (vgl. S. 50). Dabei argumentierte das Wirtschaftsministerium mit der wirtschaftlichen Bedeutung des Fremdenverkehrs,[196] während das Propagandaministerium die Absicht bekundete, »*die bestehenden Organisationen in ihrem Bestreben zu unterstützen, Deutschen und Ausländern die Schönheiten unseres Vaterlandes zu zeigen.*«[197]

Reichsausschuss für Fremdenverkehr

Das Propagandaministerium setzte sich durch. Nach nur zwei Wochen verkündete Wolff's Telegraphisches Büro: »*Die Führung im deutschen Fremdenverkehr hat der Reichsminister für Volksaufklärung und Propaganda Dr. Goebbels übernommen.*«[198] Der Propagandaminister wurde »*Bevollmächtigte[n] der Reichsregierung und federführende[n] Minister*« für den Tourismus.[199] Innerhalb der »*Abteilung II: Propaganda*« des Propagandaministeriums wurde das Referat 9 »*Verkehrswesen*« unter der Leitung von Friedrich Mahlow[200] mit den Belangen des Fremdenverkehrs betraut.[201]

Schaut man sich das zeitgenössisches Verständnis der Fremdenverkehrspolitik an, die in erster Linie als Fremdenverkehrswerbung verstanden wurde, ist diese Zuordnung wenig überraschend. In Fortführung überkommener Politikansätze, sollte das Verkehrsreferat vor allem die *»Propagandamaßnahmen auf dem Gebiete des gesamten Verkehrswesens«* koordinieren und *»deutsche Fremdenverkehrswerbung im In- und Auslande«* betreiben.[202] Das bedeutete im Sprachgebrauch der damaligen Zeit nicht mehr, als dass sich die Abteilung ganz traditionell mit Fremdenverkehrswerbung befassen sollte. Diese als Werbung verstandene Fremdenverkehrspolitik fiel in den genuinen Geschäftsbereich des Ministeriums für Volksaufklärung und Propaganda.[203]

Am 23. Juni 1933 beriet das Reichskabinett über das von Goebbels vorgelegte *»Gesetz über den Reichsausschuss für Fremdenverkehr«*.[204] Das Gesetz trat am 1. Juli 1933 in Kraft und verschaffte dem bereits 1929/1931 gegründeten RAF eine gesetzliche Grundlage im NS-Staat. Fortan sollte der RAF *»im Hinblick auf die Gestaltung des Fremdenverkehrs in politischer und wirtschaftlicher Hinsicht diejenige Stelle [sein], welche alle am Fremdenverkehr beteiligten Organe und Organisationen behördlich zusammenfasst.«*[205]

Auf Grundlage dieses Gesetzes führte der Propagandaminister den Vorsitz des *»Reichsausschusses für Fremdenverkehr«*. Der Minister wurde durch den geschäftsführenden Präsidenten vertreten. Von 1933 bis 1935 bekleidete der Staatssekretär im Propagandaministerium, Walter Funk, dieses Amt, von 1935 bis 1945 hatte es Hermann Esser inne. Ihm zur Seite stand der Geschäftsführer des RAF. Von 1933 bis 1945 übernahm Friedrich Mahlow, der Leiter des Verkehrsreferat bzw. ab 1939 der Leiter der Fremdenverkehrsabteilung im Propagandaministerium war, dieses Amt. Neben dem Reichsministerium für Propaganda waren im RAF zahlreiche Behörden und Institutionen vertreten:

- Reichsministerium des Innern
- Reichsministerium der Finanzen
- Reichsministerium für Verkehr
- Reichsministerium für die Luftfahrt
- Reichspostministerium,
- Reichswirtschaftsministerium
- Auswärtiges Amt
- Hauptverwaltung der Deutschen Reichsbahn
- Reichssportkommissar
- Bund Deutscher Verkehrs-Vereine (BDV)
- Reichseinheitsverband des Gaststättengewerbes
- Deutsche Lufthansa
- Deutscher Gemeindetag
- Deutscher Industrie- und Handelstag
- Vertreter des nicht reichseigenen Landverkehrs
- Vertreter der Länder[206]

Im Wesentlichen blieb die Zusammensetzung in den folgenden Jahren unverändert – abgesehen davon, dass die NS-Gemeinschaft KdF nach ihrer Gründung im November 1933 in den Reichsausschuss aufgenommen wurde.[207] Um die Arbeitsfähigkeit des Ausschusses zu erhalten, wurde ein Arbeitsausschuss gebildet, indem die »*wichtigsten Mitglieder*« vertreten waren.[208]

Die Vertreter des RAF betrachteten den Ausschuss als »*Reichsbehörde*«, deren »*Anweisungen*« verbindlich sein sollten und »*mit allem dem Reiche zu Gebote stehenden Mitteln*« durchgesetzt werden sollten.[209] Dieser Status war jedoch im Gesetz nicht festgeschrieben und wurde im nationalsozialistischen Deutschland nicht von allen Seiten anerkannt. So bezeichnete das Verkehrsministerium, das dem RAF erhebliche Zuschüsse gewährte, den Ausschuss noch 1935 als Verein bürgerlichen Rechts und musste von Mahlow auf den »*behördlichen Charakter*« hingewiesen werden.[210]

In einer Zeit, in der sich überall im Reich gravierende Veränderungen vollzogen, Parteien, Vereine gleichgeschaltet wurden und die Struktur von Staat und Gesellschaft erheblichen Veränderungen und Eingriffen unterlag, blieb der RAF weitgehend untätig. Erst ein halbes Jahr nach seiner Konstituierung kam der Ausschuss zu einer Arbeitssitzung zusammen.[211] Das Nichtstun wird deutlich, wenn man einen Blick in die Finanzen wirft. Denn gemäß dem »*Gesetz über den Reichsausschuss für Fremdenverkehr*« hatte das Reichsverkehrsministerium für das Jahr 1933 einen Zuschuss von 40.000 RM zugunsten der Fremdenverkehrswerbung gebilligt, der noch im laufenden Geschäftsjahr abgerufen werden musste. Vor Jahresende stellte Mahlow erschreckt fest: »*Von diesem Betrag sind bisher verausgabt worden 1250 RM, der Rest von 38750 RM müsste umgehend zur Auszahlung angefordert werden.*«[212] Der RAF hatte nicht nur nichts getan, auch fehlten sämtliche Voraussetzungen für eine effektive Arbeit – namentlich eine Geschäftsstelle: »*Der Reichsausschuss für Fremdenverkehr muss in den allernächsten Tagen Büroräume mieten, für die Büroeinrichtung sorgen und das notwendige Personal einstellen, so dass möglicherweise schon in der nächsten Woche größere Ausgaben entstehen können.*« Sonst würden die Gelder verfallen, mahnte Mahlow.[213]

Durch diesen haushaltsrechtlichen Zwang vor dem nahen Jahresende ging es sehr schnell, bis der RAF seine Büroräume in Berlin nahe dem Regierungsviertel in der Leipziger Straße 19 fand. Die Geschäftsstelle konnte am 15. Januar 1934 eröffnet werden konnte.[214] Nach der eiligen Einrichtung einer Geschäftsstellte blieb der RAF weitgehend untätig. Lediglich die Herausgabe der Zeitschrift *»Deutschland«*, die vor allem im Ausland für den Fremdenverkehr in Deutschland werben sollte, wurde im März 1934 realisiert.[215]

Zudem verschaffte der RAF im Herbst 1934 nach langen Verhandlungen dem renommierten, aber durch die Wirtschaftskrise stark angeschlagenen Baedekerverlag einen Kredit in Höhe von 120.000 RM, wodurch der Verkauf des traditionellen, deutschen Reiseführerverlags an ein englisches Unternehmen verhindert wurde. Damit kaufte sich der Staat den Einfluss auf den Verlag, der fortan nicht nur Reiseführer für die KdF veröffentlichte, sondern auch im Zweiten Weltkrieg *»Reiseführer«* für Soldaten in den besetzten Gebieten herausgab.[216]

Unterm Strich musste im Herbst 1934 aber ein denkbar schlechtes Fazit für die Arbeit des RAF gezogen werden. Alles in allen dürfte der RAF bei niemanden mehr wohlgelitten sein.

Angesichts der recht schwachen Leistung des Reichsausschusses sah Hermann Esser, dass seine Stunde gekommen war. Nachdem Esser 1935 als bayerischer Wirtschaftsminister zurückgetreten war, wurde er zum geschäftsführenden Präsidenten des RAF ernannt. Vor allem Goebbels hatte sich aus zweierlei Gründen gegen diesen Schritt gesträubt: Zum einem musste der Übergang des RAF-Präsidentenamtes von Walter Funk, der Staatssekretär im Propagandaministerium war, auf Hermann Esser, der nicht an das Ministerium gebunden war, den Einfluss des Propagandaministers im RAF und damit im Fremdenverkehrswesen schwächen. Zum anderen war das Verhältnis zwischen Esser und dem Propagandaminister Goebbels aufgrund der heftigen Kämpfe innerhalb der NSDAP in der Weimarer Republik nachhaltig gestört, und Goebbels weigerte sich lange Zeit, ausgerechnet seinen alten Widersacher zum Präsidenten des RAF, und damit *de jure* zu seinem Stellvertreter auf dem Gebiet des Fremdenverkehrs zu machen. Doch Goebbels konnte und wollte sich nicht gegen Hitler durchsetzen. In geradezu typischer Weise zwischen Widerspruch und Rechtfertigung schwankend notierte Goebbels im Sommer 1935 in sein Tagebuch: *»Verdienen tut er's [Esser] ja nicht. Aber er ist schließlich dem Führer immer treu geblieben.«*[217] Als Essers Berufung perfekt war, kommentierte dies Goebbels mit den Worten: *»Esser als Präsident des Fremdenverkehrs. Eine Tragikomödie.«*[218]

Nun vereinte Hermann Esser die Führung des BDV und des RAF in seiner Person. Doch Esser ließ keinen Zweifel daran, dass er weiterhin gewillt war, seine konkrete Politik in erster Linie auf den Bund zu stützen. Am 21. Oktober 1935 ordnete er die Umbenennung des Bundes in Reichsfremdenverkehrsverband (RFV) an, um die zentrale Stellung dieses Verbandes zu unterstreichen.[219]

Der Reichsfremdenverkehrsverband

Mit dem *»Gesetz über den Reichsfremdenverkehrsverband«* vom 26. März 1936 sollten die Missstände in der Organisation der Fremdenverkehrsarbeit auf Landesebene nun endgültig beseitigt und die gesamte Fremdenverkehrsarbeit auf eine neue Grundlage gestellt werden.[220] Die Zeitschrift *»Der Fremdenverkehr«* feierte das Gesetz überschwänglich. *»›Der Dienst am Fremdenverkehr ist Dienst am großen deutschen Vaterland!‹ Dieser*

Dienst hat durch das Gesetz über den Reichsfremdenverkehrsverband eine politisch wie wirtschaftlich gleich bedeutsame Krönung erfahren.« Adolf Hitler selbst habe dafür gesorgt, »*dass in Deutschland alle Fremden, Deutsche wie Ausländer, woher und wohin sie in deutsche Gaue kommen, durch Gesetz die Gewähr bester Betreuung erhalten.*« So sei das Gesetz eine »*neue Friedenstat des Führers*«.[221] Es hat vor dem Hintergrund des geschilderten Chaos einen unfreiwillig komischen Klang, wenn die Zeitschrift »*Der Fremdenverkehr*« schreibt: »*Wie bei allen nationalsozialistischen Gesetzen, stand auch hier Pate nicht etwa graue Theorie, sondern reiche Erfahrung, vereint mit Praxis.*«[222]

Durch das Gesetz wurde der Reichsfremdenverkehrsverband von einem eingetragenen Verein in eine öffentlich-rechtliche Körperschaft umgewandelt. Ausdrücklich stellte der RFV jedoch keine Reichsbehörde dar. Er stand weiterhin nicht über, sondern neben dem RAF, der seinen Behördencharakter beibehielt. Da Hermann Esser ohnehin in beiden Fällen Präsident war, entstanden aus diesem Dualismus keine Probleme, abgesehen von dem Durcheinander der Bezeichnungen, die bereits zeitgenössische Quellen prägen.

De facto fällte fortan der RFV alle wichtigen Entscheidungen. Während in den Jahrbüchern für Fremdenverkehr 13 Anordnungen des RAF aus den Jahren 1936–1939 abgedruckt sind, finden sich dort 53 Anordnungen des RFV. Sie decken inhaltlich ein sehr viel weiteres Spektrum ab als die Anweisungen des RAF, der sich fast ausschließlich der Werbung widmete. Der RFV hingegen wandte sich der Terminplanung von Veranstaltungen, der Kurtaxe, Schulungen, selbst der Meteorologie zu.[223]

Es ist fraglich, ob es das Geflecht aus Reichsfremdenverkehrsverband, RAF und Landesverbänden notwendig war. Selbst dem Rechnungshof des Deutschen Reiches kamen Zweifel. So wurde in einem Bericht aus dem Jahre 1936 moniert: »*Es fragt sich daher, ob unter diesen Umständen der Reichsfremdenverkehrsausschuss [gemeint ist der Reichsausschuss für Fremdenverkehr] jetzt noch überhaupt erforderlich ist. Der Rechnungshof glaubt, diese Frage verneinen zu müssen. Die Arbeiten des Reichsfremdenverkehrsausschusses könnten vielmehr ohne ihre sachliche Beeinträchtigung teils vom Reichsministerium für Volksaufklärung und Propaganda, teils vom Reichsfremdenverkehrsverband erledigt werden, zumal dieser die Eigenschaften einer Körperschaft des öffentlichen Rechts besitzt.*«[224]

So treffend die Einschätzung des Rechnungshofes auch war, so energisch verteidigte Esser den RAF. Nachdem er die Kontrolle über den Ausschuss gewonnen hatte, wollte er auf ihn nicht mehr verzichten.

Neben Hermann Esser Machtanspruch trat ein weiteres Argument, das tief im Staatsverständnis der Nationalsozialisten verwurzelt ist: Denn im RFV waren Kurorte, Bäder und Verbände organisiert, im RAF wirken viele Behörden und Ministerien mit. Nur der RAF beanspruchte, eine Reichsbehörde zu sein, die mit anderen staatlichen Einrichtungen auf gleicher Augenhöhe verhandeln sollte.

Die Bedeutung dieser unterschiedlichen Rechtsnaturen in einem Regime, das sich zum großen Teil auf bürokratische Strukturen und Denkmuster stützte, zeigt sich an der einzigen Anordnung des RAF, die sich nicht mit der Werbung befasste: Dem Ausschluss der Juden aus den deutschen Kurorten. Denn diese Bestimmungen, die den Juden den Aufenthalt in den Kurorten weitgehend untersagten, konnte im Rechtsdenken der Nationalsozialisten nicht von einem Verband erlassen werden – ob öffentlich-rechtliche Körperschaft oder nicht. Für die rechtskräftige Umsetzung musste eine Behörde eingeschaltet werden: der RAF (vgl. S. 75 ff.) Auch beim »*Anschluss Österreichs*«, im Sudetenland und nach dem Einmarsch deutscher Truppen in die Tschechoslowakei bediente man sich der »*Behörde*« RAF, um den Fremdenverkehr in diesen Gebieten neu zu ordnen.[225] Für derartige, hoheitliche Aufgaben blieb man auf den RAF angewiesen.

Wenn Hermann Esser sich 1938 beiläufig als »*tatsächlichen Leiter des gesamten Fremdenverkehrswesens*« bezeichnete,[226] hatte er damit nicht unrecht. Er war Präsident des Reichsfremdenverkehrsverbandes, der die praktische Fremdenverkehrsarbeit leistete, und des Reichsausschuss für Fremdenverkehr, der sich vornehmlich mit Werbung befassen sollte, aber hinzugezogen werden konnte, wenn es galt, Fremdenverkehrspolitik von offizieller, staatlicher Seite aus zu betreiben. Seit 1935 entzog sich allein das Verkehrsreferat im Propagandaministerium Essers unmittelbaren Zugriff. Zwar war der Leiter des Verkehrsreferat Friedrich Mahlow zugleich Geschäftsführer des RAF und damit dem geschäftsführenden Präsidenten Esser unterstellt, doch konnte Esser formal nur auf Mahlows Arbeit im RAF nicht aber auf seine Tätigkeit im Propagandaministerium Einfluss nehmen.

Staatssekretär für Fremdenverkehr

Die Tagebücher Joseph Goebbels zeichnen ein drastisches Bild davon, wie Esser in einem ewigen Hin-und-Her die Zuständigkeit des Propagandaministeriums im Fremdenverkehr verschiedentlich gänzlich in Frage stellte, scheinbar auf die Gründung eines Ministeriums für Fremdenverkehr spekulierte, dann aber versuchte, die Verkehrsabteilung im Propagandaministerium wenigstens unter seine Kontrolle zu bekommen. Von Goebbels wurden diese Bemühungen nicht weniger wankelmütig beantwortet. Am 16. Dezember 1937 notierte der Minister: »*Esser möchte mir das Gebiet des Fremdenverkehrs abluxen. Ich lehne das ab. Er soll unter meiner Aufsicht arbeiten. Aber evtl. kann er den Titel Generalinspekteur bekommen.*«[227]

Der Titel des Generalinspekteurs genügte Esser jedoch nicht. Als Max Amann in München Anfang 1938 »*Selbstständigkeitsbestrebungen*« zeigte mit dem Ziel, sich vom Propagandaministerium zu trennen, wollte auch Esser »*ähnliche bayerische Touren gehen*«.[228] Binnen weniger Tage erwiesen sich solche Vorstellungen als nicht erfüllbar, und schon versteifte sich Esser darauf, Staatssekretär im Propagandaministerium zu werden. Goebbels war jedoch wenig begeistert, seinen alten Widersacher so groß werden zu lassen, und kommentierte: »*Ein bisschen viel auf einen Knall.*«[229] Im Februar 1938 konnte sich wiederum Goebbels immerhin vorstellen, Esser in seinem Hause als Abteilungsleiter zu dulden. »*Damit ist aber Schluss.*«[230] Doch ganz sicher war sich Goebbels nicht. Im März 1938 notiert er: »*Er [Esser] will einen hohen Posten im Ministerium. Ich weiß noch nicht. Er ist so unsolide!*«[231] Ein weiterer Titel kam schließlich im Sommer 1938 ins Gespräch. Goebbels klagte: »*Esser quält mich wieder um sein Reichskommissariat. Er ist nicht ganz zuverlässig und möchte mich als Prellbock benützen. Aber ich bin nicht so dumm. Im übrigen kann er ins Ministerium eingegliedert werden.*«[232]

Im Januar 1939 setzte sich Esser gegen Goebbels durch und wurde zum Staatssekretär im Propagandaministerium ernannt. Vermutlich verhalf ihm zu diesen Erfolg einerseits seine gute Beziehung zu Hitler, anderseits die Schwächung Goebbels durch die drohende Scheidung von seiner Frau, die Hitler sogar erwägen ließ, seinen Propagandaminister fallen zu lassen.[233] Pikanterweise ließ sich Esser zu diesem Zeitpunkt selbst scheiden und erhielt dabei die volle Unterstützung Hitlers, der sich über den Verlauf des komplizierten Scheidungsprozesses über zwei Instanzen auf dem Laufenden hielt.[234]

Esser gab sich jedoch auch mit dem Posten des Staatssekretärs nicht zufrieden. Noch bevor Esser die Ernennungsurkunde in den Händen hielt, berichtete Goebbels: »*Esser will sich als Staatssekretär etwas vom Ministerium absentieren. Aber ich verhindere das. Das gibt es nicht. Ich will ein festes und klares Amt aufbauen.*«[235]

Nun setzte sich Goebbels durch: mit der Ernennung Essers zum Staatssekretär für Fremdenverkehr wurde im Propagandaministerium das Verkehrsreferat zur »*Abteilung XII mit dem Aufgabengebiet Fremdenverkehr*« aufgewertet.[236] In den Presseanweisungen des Propagandaministeriums wurde jedoch ausdrücklich darauf hingewiesen, dass nur über die Person Essers berichtet, nicht aber auf »*organisatorische Dinge des Ministeriums, auf die Aufgabenverteilung zwischen den Staatsekretaeren usw.*« eingegangen werden sollte.[237] Allzu offensichtlich war, was der Propagandaminister schließlich in einem Schreiben an die Obersten Reichsbehörden und die Landesregierungen mitteilte: dass sich mit dem Staatssekretariat in der Organisation der Fremdenverkehrspolitik nichts Wesentliches verändere.

Weil sich in der Sache wenig geändert hatte, fuhr Esser in den nächsten Jahren wankelmütig fort, zum einem gegen andere Mitarbeiter im Ministerium zu opponieren, mit dem Ziel, seinen Machtbereich weiter auszudehnen, zum anderen sich vom Ministerium abzusetzen.[238] Diese Auseinandersetzungen hörten auch in den Kriegszeiten nicht auf, zeitigen aber keine Ergebnisse.

Mit der Ernennung zum Staatssekretär für Fremdenverkehr kontrollierte Esser alle drei Institutionen – Reichsministerium für Volksaufklärung und Propaganda, Reichsausschuss für Fremdenverkehr, Reichsfremdenverkehrsverband –, die sich mit dem Fremdenverkehr im nationalsozialistischen Deutschland befassten. Auch wenn zeitgenössische Quellen die Einheitlichkeit der Organisation betonten, blieb die Person Hermann Esser jedoch die einzige Klammer zwischen diesen sehr unterschiedlichen Einrichtungen.

Die Hermann-Esser-Forschungsgemeinschaft

In den letzten beiden Jahren vor dem Zweiten Weltkrieg kam zudem die Idee auf, die Wissenschaft zur Vereinheitlichung und Verbesserung der Fremdenverkehrspolitik heranzuziehen. Zu diesem Zwecke erschien 1938 und 1939 das Jahrbuch für Fremdenverkehr, bevor sein Erscheinen kriegsbedingt eingestellt wurde.[239] Mit diesen Jahrbüchern sollte – so Esser 1938 – »*allmählich das wissenschaftliche Lehrbuch des deutschen Fremdenverkehrs entstehen*«.[240] Im Frühjahr 1939 schrieb er: »*Wer der deutschen Fremdenverkehrsförderung zu dienen sich entschlossen hat, der soll zum Lehrbuch greifen. Nur so kann ein geordnetes deutsches Fremdenverkehrswesen entstehen, nur so wird auch die deutsche Fremdenverkehrsförderung das erreichen, was das Ziel jeder wahrhaft deutschen Anstrengung und Arbeit ist, Deutschland zum führenden Fremdenverkehrslande in der Welt zu machen.*«[241]

Der Anspruch mit der Wissenschaft Ordnung in das Chaos der Fremdenverkehrspolitik zu bringen, manifestierte sich im Sommer 1939 mit der Gründung der Hermann-Esser-Forschungsgemeinschaft in Frankfurt am Main. Die Wirtschaftswissenschaften, die Naturwissenschaft und die Heilkunde, aber auch die Geisteswissenschaften sollten in den Dienst einer neuen Fremdenverkehrswissenschaft gestellt werden und der Politik unmittelbar zuarbeiten. »*Die Forschungsgemeinschaft wird für sämtliche Fremdenverkehrsfragen, d.h. also für die unmittelbare Praxis des Fremdenverkehrs eine ständige Beratungsstelle und Auskunftsorganisation sein, – bemüht um wirklich praktische und lebensnahe Hilfe und Unterstützung,*« erklärte Alfred Ringer bei der Gründungsfeier.[242]

Die Absicht, die Fremdenverkehrspolitik über die Wissenschaft bestimmen zu können, erfüllte sich indes nicht. Die Hermann-Esser-Forschungsgemeinschaft erreichte kaum mehr als die Herausgabe der »*Kulturgeschichte der Gaststätte*« von Friedrich Rauers.[243]

Wahrhaft kurios war die Einrichtung des Instituts für Kochwissenschaft 1942, an dem sich die Hermann-Esser-Forschungsgemeinschaft zusammen mit dem Oberkommando des Heeres beteiligte. Es stellte Rezepte für die Feldküchen an der Front bereit, die allerdings auch an zwei Tagen in der Woche in allen deutschen Gaststätten gereicht werden sollten: »*Die Zusammenarbeit zwischen den beiden Organisationen, die auf dem Gebiete der Ernährung die größte Zahl der Menschen zu betreuen haben, der Wehrmacht und dem Gaststättengewerbe, trägt ihre ersten sichtbaren Früchte. Ob es der Gast im ›Europäischen‹, ob es der Gast im ›Schwarzen Bock‹ oder im nächsten Bierlokal ist, jeder soll sich an den beiden Tagen mit dem Bewusstsein an den Tisch setzten, dass seine Mahlzeit die gleiche ist, die zur gleichen Zeit für Millionen von Soldaten angerichtet wurde, einfach und bekömmlich. Jeder wird sich in dem Bereich seiner gewohnten Gaststätte unter dem Verpflegungsgrundsatz gestellt sehen, der für alle Soldaten gilt, nämlich zu essen, was es gibt.*«[244]

Es war ein kleiner, aus heutiger Sicht sehr zweifelhaft Erfolg, den sich Hermann Esser mit dem Institut für Kochwissenschaft zuschreiben konnte. In den Eintopf-Tagen lebte das Institut fort, als die Fremdenverkehrspolitik im Krieg schon längst wirkungslos geworden war (vgl. S. 89 ff.).

Ausschluss der Juden aus den Kur- und Erholungsorten

Reisen und Urlaub – das sollte im Nationalsozialismus ein Privileg des »*Volksgenossen*« sein. Der Ausschluss der Juden aus den Erholungsorten stellte die Kehrseite der Medaille dar und ist das dunkelste Kapitel der deutschen Tourismusgeschichte. Dabei machten sich die Nationalsozialisten eine lange Tradition des »*Bäder-Antisemitismus*« in Deutschland zunutze, so dass dieses Kapitel mit einem Rückblick in die Zeit vor 1933 beginnen muss.[245]

Bäder-Antisemitismus vor 1933

1927 notierte Victor Klemperer während seines Urlaubs auf der Halbinsel Usedom in sein Tagebuch: »*Zinnowitz wäre ein Bad wie die andern hier auch, aber es ist das betont judenreine Bad, es ist in Judenreinheit Bansin noch überlegen. Am (sehr langen) Landungssteg führt es die Hakenkreuzfahne, u. in den Läden kaufte man auf Postkarten das Zinnowitzlied, ein blödsinniges Gereime nach der Melodie ›Hip, hip, hurra!‹ mit dem Refrain, fern bleibe der Sohn vom Stamme Manasse u. jeder Itz – man wolle keine fremde Rasse in Zinnowitz (auf das ein andermal Gott behüt's gereimt wird.) Es ist ekelhaft, dass solche Verhetzung erlaubt ist. Sie erscheint mir an sich nicht schlimmer u. nicht besser als die kommunistische Verhetzung, aber sie ist erlaubt u. die kommunistische ist verboten.*«[246]

Schon in den Jahren der Weimarer Republik tobte ein Streit an den deutschen Seebädern, ob über den Sandburgen die schwarz-rot-goldene Flagge der Republik oder die schwarz-weiß-rote Flagge des Kaiserreichs wehen sollte. Bald kam die Hakenkreuzflagge hinzu, die schon vor 1933 viele Kurorte und Strände dominierte. Antisemitismus war allgegenwärtig und selbst ein System der Apartheid hatte sich etabliert.[247] So hatte Victor Klemperer sein Quartier nicht zufällig in Heringsdorf genommen. Denn Heringsdorf galt als besonders »*judenfreundlich*«. Antisemiten sprachen hingegen verächtlich vom »*Judenbad*«. In benachbarten Orten Bansin und Zinnowitz konnten Juden schon in den 1920er Jahren kaum unterkommen. Diese Aufteilung der Seebäder in »*judenfreundliche*« und anitsemitische Orte wurzelte im Kaiserreich.

Heringsdorf war eines der ältesten Seebäder in Deutschland und galt als traditionelles und mondänes »*Kaiserbad*«. Hiervon wollten sich historisch jüngere Badeorte abgrenzen. Die Bäderdirektion Zinnowitz ließ verlauten, dass man Abstand halte »*von dem Prunk eines Ostende, Norderney, Heringsdorf.*«[248] Der Prunk der alten Bäder aber wurde vor allem den Juden zuschreiben, weil viele von ihnen im 19. Jahrhundert den Aufenthalt im Kurort dazu nutzten, Ansehen und Anerkennung sowie wichtige soziale Kontakte zu gewinnen und ihren wirtschaftlichen Erfolg zu demonstrieren. Hinter dem Vergnügen, den Wanderungen, den Konzert- und Casinobesuchen stand das Streben nach »*sozialer Konsolidierung*«.[249] Der Kururlaub wurde zum Zeichen der Assimilation. Den Antisemiten wurden die Juden in den Kurorten jedoch zum Inbegriff des verhassten sozialen »*Aufsteigertums*«.[250]

Mit der Zunahme des Bädertourismus Anfang des 20. Jahrhunderts entstanden neue Badeorte, die um die touristisch mobiler werdende Mittelschicht warben und sich bewusst gegen den Luxus der traditionellen Seebäder richteten. Sie konnten hinsichtlich Komfort und Infrastruktur mit den alten Bädern nicht mithalten und macchten aus der Not eine Tugend: »*Ungezwungenheit im geselligen Verkehr, Unterhaltungen und Vergnügungen in Einfachheit und ohne Aufdringlichkeit, vor allem aber Ruhe und Erholung – das sind die Vorzüge des Borkumer Badelebens*«, hieß es beispielsweise 1903 in einer Werbeschrift der Nordseeinsel. Mit solcher Anti-Luxus-Haltung konnte der Antisemitismus nun in den neuen Bädern schnell Fuß fassen. Auch der Badeort Vitte auf Hiddensee warb in diesem Sinne mit dem Slogan: »*Kein Luxusbad, judenfrei*«.[251]

Nach dem ersten Weltkrieg verschärfte der Vorwurf, Juden seien »*Kriegsgewinnler, Schieber und Spekulanten*«, den Bäder-Antisemitismus. Hatte der Antisemitismus in den Kurorten vor dem Ersten Weltkrieg seine Wurzeln vor allem in den soziokulturellen Entwicklungen der Kurreise selbst, so kam nun mit den Konstrukten der »*jüdischen Novemberverbrecher*« und des »*Schandfriedens*« der politische Antisemitismus in den Kurorten hinzu. Der Bäderantisemitismus erlebte eine vielfache Radikalisierung.

Während die traditionellen Bäder auch in der Weimarer Republik von antisemitischen Tendenzen weitgehend frei blieben, zeigten sich die neuen Bäder in unmittelbarer Nachbarschaft oft als extrem antisemitisch. Der Centralverein deutscher Staatsbürger jüdischen Glaubens gab Listen mit antisemitischen Erholungsorten, Hotels und Pensionen heraus, so dass Juden bereits bei der Planung des Urlaubs darauf achten könnten, nicht in die Hochburgen des Antisemitismus zu reisen.[252]

In menschenverachtender Weise huldigte Graf S. von Schulenburg Anfang der 1920er-Jahre diese »*Rassentrennung*« im Gedicht »*Die Scheidung der Geister auf dem Hauptbahnhof von Emden*«, das die zukünftige Ausschaltung der Juden aus dem deutschen Leben vorweg nimmt und an die spätere Selektion an der Rampe von Auschwitz erinnert.[253]

Es ist ein Zug, doch es ist mehr
der D-Zug Emden über Leer,
ein Völkerzug, wie vor viel tausend Jahren
scheint hier sich neu zu offenbaren:
Madjaren, Tschechen, Slaven und Semiten –
Germanen scheinen nur gelitten –
Doch, wie sich dies Ragout auch nennt,
vorherrschen tut der Orient. [...]

Doch sieh in Emden voller Wunder,
dort bleibt zurück der fremde Plunder: [...]
vom Chaos scheidet sich die Rasse,
vom Edelmensch die Völkermasse,
und jene ziehn zum grünen Inselland,
die anderen an den Judenstrand;
nach Borkum wir, der Völkerbrei
nach dem geliebten Norderney –
O, schied'st du Deutscher endlich doch
    vom Fremden
so rein wie auf dem Hauptbahnhof
    von Emden;
ein Borkum wär das ganze Reich,
und wer sich hier nicht wohler fühlet,
auf deutschem Eiland, meerumspület,
    der melde sich! –
Drum sorgt, ob arm, ob reich,
dass einst ganz Deutschland Borkum gleich!

Lokale Aktionen gegen die Juden

Nach 1933 setzten sich die antisemitischen Maßnahmen in den Kur- und Erholungsorten fort. Angetrieben wurden sie jedoch nicht von zentralen Stellen des Reiches. Selbst Hermann Esser, der schon 1927 die antisemitische Hetzschrift »*Die jüdische Weltpest*« verfasst hatte, hielt sich weitgehend zurück. Die vielfältigen Initiativen zum Ausschluss der Juden aus den deutschen Kurorten gingen vielmehr – wie in anderen Bereichen der antisemitischer Politik – von örtlichen Stellen aus.[254] Unmittelbar nach der Machtergreifung erfolgte eine Reihe von Verordnungen unterschiedlicher Provenienz, die Juden u. a. die Benutzung von Schwimmbädern und Kureinrichtungen verboten.[255]

Im Sommer 1933 wurde den Juden das Baden im Berliner Strandbad Wannsee, in den Badeanstalten von Fulda, Spreyer und andernorts untersagt.[256] In Bad Kissingen wurde den Juden im Jahre 1934 die Benutzung der öffentlichen Badeanstalt verwehrt.[257] In Bad Saarow am Scharmützelsee in der Nähe von Berlin forderte die örtlichen NSDAP, »*dass die Gemeinde Saarow soweit als möglich von den Juden zu befreien sei*«. Spätestens 1936 wurden Schilder am Ortsrand aufgestellt, um die Juden am Betreten des Ortes zu hindern: »*Jude bleib fern, Volksgenosse, dich sehen wir gern*«, hieß es oder: »*Kehrtet um Ihr Kinder Israels!*«[258]

Dass Martin Bormann als Stabsleiter von Rudolf Heß schon im September 1933 aus Gründen der Außendarstellung angeordnet hatte, die lokalen Verbote »*nach Möglichkeit*« zurückzunehmen, wurde weitgehend ignoriert.[259] 1936 fühlte sich Martin Bormann erneut veranlasst, gegen den antisemitischen Schilderwald vorzugehen, denn Deutschland sollte während der Olympischen Spiele 1936 in Berlin in einem guten Lichte erscheinen: »*Unter den Schildern und Tafeln, in denen Kreise, Gemeinden, Gasthäuser usw. darauf hinweisen, dass Juden unerwünscht seien, befinden sich zum Teil oft wenig geschmackvolle Darstellungen*«, schrieb Bormann. »*Ich bitte, beim Anbringen solcher Schilder zu berücksichtigen, dass die in Deutschland reisenden Ausländer unsere Maßnahmen gegen die Juden aufmerksam verfolgen. Die Mehrzahl dieser Fremden begrüßen im Grunde genommen die deutschen Maßnahmen gegen das Weltjudentum. Das deutsche Ansehen wird daher nicht durch die Tatsache unserer Judengesetzgebung, wohl aber durch eine im Einzelfall übertriebene und geschmacklose Darstellung oder Ankündigung geschädigt werden. Ich bitte deshalb darauf zu achten, dass nur solche Tafeln und Schilder angebracht werden, die ohne besondere Gehässigkeit zum Ausdruck bringen, dass Juden unerwünscht sein. (Etwa Schilder ›Juden sind hier unerwünscht‹*

oder dergl.) Besonders bitte ich, solche Anschriften zu unterlassen, die mehr oder weniger deutlich auf die Möglichkeit einer strafbaren Handlung gegen Juden hinweisen, z. B. ›Juden betreten den Ort auf eigene Gefahr‹ und ähnliche mit einer Drohung verbunden Aufforderungen.«[260]

Als die ausländischen Gäste nach den Olympischen Spielen Deutschland verlassen hatten, verschärften sich die antisemitischen Maßnahmen in allen Kurorten des Landes. In Bad Saarow verlieh 1937 der Bürgermeister Johann Janßen seinem Willen deutlichen Nachdruck, die Juden aus dem Kurort zu vertreiben, denn – so Janßen – das Zusammenleben von Juden und Ariern sei »*politisch unerwünscht*«. Insbesondere sprach er sich dagegen aus, dass »*die Mahlzeiten am gleichen Tisch eingenommen werden*«, und monierte, dass die »*vermieteten Räume unbekümmert um die rassische Zugehörigkeit der Bewohner fast immer Wand an Wand [liegen] und die Toiletten und Baderäume in unzureichender Anzahl besonders in den Privatpensionen allen Gästen [dienen].*« Für Gemeinschaftseinrichtungen, öffentliche Parkanlagen, Seebadeanstalten, Tennisplätze, Sportplätze, Lesehallen usw. forderte Janßen ein Benutzungsverbot für Juden. »*Bei der Benutzung der Heilzwecken dienenden Anlagen, wie Moor- und Solbad und der Trinkkuranlagen, ist eine zeitliche und örtliche Trennung möglich und erforderlich.*«[261]

Unter dem Druck, der aus den einzelnen Kur- und Erholungsorten hervorging, griffen mehrere Reichsstellen die »Judenfrage« auf und versuchten eine einheitliche Regelung zu finden. So lud auch Hermann Esser am 13. März 1937 zu einer Sitzung des Reichsausschusses für Fremdenverkehr ein, die am 18. März stattfinden sollte. Auf der Tagesordnung stand als erster Punkt: »*Reichseinheitliche Regelung der Judenfrage für die deutschen Bäder und Kurorte.*«[262] Nach ersten Vorbesprechungen, die erst nach der Einladung erfolgten, musste Esser jedoch erfahren, dass an einer entsprechenden Regelung bereits im Innenministerium gearbeitet wurde. Das Ministerium beabsichtigte allerdings nicht, Hermann Esser oder den Reichsausschuss für Fremdenverkehr bei der Lösung dieser Frage einzubeziehen.[263] Hermann Esser musste einen Rückzieher machen und umschiffte die Niederlage gekonnt, indem er aus der Not eine Tugend machte. »*Die Sorge um die öffentliche Ordnung in deutschen Bädern und Kurorten hat verschiedentlich örtliche Fremdenverkehrsstellen bewogen, die Behandlung der Nichtarier von sich aus zu regeln. Die hier zu lösenden Fragen sind jedoch von solcher Bedeutung, dass sie nur durch die zuständigen obersten Reichsbehörden geklärt werden können*«, schrieb Esser in den Bekanntmachungen des RAF vom 15. März 1937. Bis zum Erlass einer neuen Verordnung sollten vor Ort keine Regelungen erstellt und Maßnahmen ergriffen werden.[264]

Die unteren Behörden und lokalen Dienststellen ignorierten geflissentlich die Appelle, sich zurückzuhalten. So ordnete Graf von Wedel, Leiter der Staatspolizeidienststelle Potsdam, beispielsweise im Juli 1937 an: »*Ich bitte durch geeignete Maßnahmen zu verhindern, dass Juden in öffentlichen Badeanstalten baden können.*«[265] Der Bürgermeister von Bad Saarow setzte diese Verordnung nur allzu bereitwillig um, indem das in der Hand der Gemeinde befindliche Strandbad für Juden kurzerhand gesperrt wurde und im privaten Strandbad im Ortsteil Silberberg Juden das Baden nur zu bestimmten Tageszeiten erlaubt wurde.[266] Einwände des RAF gegen solche Einzelmaßnahmen begegnete der Bürgermeister Janßen mit dem schlichten Hinweis: das Verbot, die Strandbäder zu benutzen, sei nicht von der Gemeinde selbst, sondern von der Gestapo veranlasst worden.[267]

Reichsweite Regelungen zum Ausschluss der Juden

Im Reichsinnenministerium trieb vor allem Hans Pfundtner, seines Zeichens Staatssekretär, das Zustandekommen des Erlasses zum Ausschluss der Juden aus den Kurorten voran. Im Sommer 1936 hatte er eine Kur in Bad Kissingen verbracht und beschwerte sich beim Bayerischen Ministerpräsidenten Siebert über die Juden, die »*direkt massiert*« aufgetreten seien und dazu beigetragen hätten, »*den hiesigen Aufenthalt etwas zu beeinträchtigen.*«[268] Offensichtlich verfolgte Pfundtner das Ziel, die bisherigen Einzelmaßnahmen mit reichsweiten Regelungen zu sanktionieren.

Der menschenverachtende Runderlass wurde am 24. Juli 1937 unter dem verharmlosenden Titel »*Jüdische Kurgäste in Bädern und Kurorten*« veröffentlicht.[269] Der RAF übernahm den Wortlaut dieses Erlasses in einer eigenen Anordnung.[270] Fortan gab dieser Erlass den Rahmen vor, in dem sich die Kurorte beim Ausschluss der Juden bewegen konnten. Im Kern wurde bestimmt: »*Jüdische Kurgäste sind in ›Heilbädern‹, in denen die Möglichkeit besteht, sie getrennt von den übrigen Kurgästen in jüdischen Kuranstalten, Hotels, Pensionen, Fremdenheimen oder dgl. unterzubringen, zuzulassen; Voraussetzung ist dabei, dass in diesen Betrieben deutschblütiges weibliches Personal unter 45 Jahren nicht beschäftigt wird. Gemeinschaftseinrichtungen, die Heilzwecken dienen, z. B. Trinkhallen, Badehäuser sind auch Juden zur Verfügung zu stellen; es ist jedoch angängig, den Juden mit Rücksicht auf die nicht jüdischen Kurgäste angemessene örtliche und zeitliche Beschränkungen hinsichtlich der Benutzung aufzuerlegen, z. B. Beschränkung auf bestimmte Badekabinen oder Badezeiten. Von den Gemeinschaftseinrichtungen, die nicht unmittelbar Heilzwecken dienen, z. B. von Kurgärten, Sportplätzen, Kurgaststätten, können die Juden ausgeschlossen werden. In allen übrigen Bädern und Kurorten können Juden von den Kureinrichtungen allgemein oder teilweise ausgeschlossen oder auf bestehende jüdische Betriebe [...] beschränkt werden.«*[271]

Aufgrund dieses Erlasses konnten die Kur- und Erholungsorte weiterhin eigenständige Regelungen erlassen. Auch in Bad Saarow wurde über die Umsetzung des Erlasses beraten und eine neue »*Ortssatzung über die Behandlung von Juden in Bad Saarow*« beschlossen. Juden sollten fortan nur noch in jüdischen Hotels, Fremdenheimen, Privatzimmern aufgenommen werden dürfen, die Benutzung der Gemeinschaftseinrichtungen, die Heilzwecken dienen, sollte ihnen nur jeden zweiten Tag für zwei Stunden ermöglicht werden, sämtliche öffentlichen Parkanlagen einschließlich des Kurparks sollten für Juden gesperrt werden, das Strandbad Bad Saarow sollte von jüdischen Gästen nicht mehr betreten werden, und das Strandbad in Saarow-Strand sollte Juden nur noch in der Zeit von 8–10 Uhr offen stehen.[272]

Es gehört wohl zu den peniblen Eigenarten der deutschen Bürokratie, dass nun – wo die Juden von der Benutzung der Kuranlagen weitgehend ausgeschlossen waren – darüber diskutiert wurde, ob die jüdischen Gäste weiterhin zu Zahlung der Kurtaxe verpflichtet seien. Denn das Reichsinnenministerium verlangte, Vorschriften in den Kurtaxeordnungen aufzunehmen, »*durch die die von diesem Personen [jüdische Gäste] zu entrichtende Kurtaxe – dem Entgeldcharakter dieser Abgabe gemäß – entsprechend herabgesetzt wird.*« Eine Senkung um 10 Prozent, wie sie die Stadt Kolberg vorgesehen hatte, erschien dem Innenminister »*in Anbetracht der von der Stadt beabsichtigten Ausschließung dieser Personen von fast sämtlichen Kureinrichtungen*« nicht ausreichend zu sein.[273]

Die Diskussionen über die Kurtaxe zogen sich lange hin, bis Hermann Esser im Januar 1938 vorschlug: »*Wenn jüdische Kurgäste in der Benutzung der Gemeinschaftseinrichtungen des Bade- oder Kurortes wesentlich beschränkt werden, empfiehlt es sich, die von Ihnen zu errichtende Kurtaxe durch eine Bestimmung in der Kurordnung auf die Hälfte der allgemeinen Kurtaxe herabzusetzen.*«[274] Dieser Vorschlag wurde zwar allgemein anerkannt. Doch die Kurorte zögerten die Umsetzung dieses Vorschlage lange hinaus, um nicht auf die volle Taxenzahlung jüdischer Kurgäste verzichten zu müssen. Mit dem abwegigen Argument, es sei im Sommer nicht zu Störungen im öffentlichen Interesse gekommen, verschob der Bürgermeister von Bad Saarow die Neufassung der Kurtaxenordnung auf das Jahr 1939 – gemeint war schlicht und ergreifend, dass die wenigen jüdischen Gäste, die noch nach Bad Saarow kamen, sich nicht über die Kurtaxe beschwerten.[275]

Im Jahre 1939 teilte der Bürgermeister Janßen wiederum mit, weiter abwarten zu wollen. Denn es gab nur noch eine einzige Pension in Bad Saarow, die Pension Hirschler, die sich noch in jüdischem Besitz befand. Da Juden nur bei jüdischen Vermietern Quartier nehmen dürften, hoffte Janßen, das Problem würde sich durch Arisierung der Pension Hirschler von selbst erledigen.[276] Im Juni 1939 konnte er schließlich dem Landrat melden: »*Der Pensionsbetrieb [Hischler] ist als Gewerbe abgemeldet. [...] In Bad Saarow besteht somit nicht mehr die Möglichkeit zur Aufnahme von Juden.*«[277] Im August 1939 bestätigte er noch einmal: »*Es trifft zu, dass durch den Übergang der jüdischen Pensionsbetriebe in arischen Besitz bzw. durch Abmeldung des Gewerbes, der frühere starke Besuch durch jüdische Kurgäste unterbunden worden ist. In der diesjährigen Badesaison sind jüdische Kurgäste in Bad Saarow nicht aufgetreten, sodass sich keinerlei Unzuträglichkeiten ergeben haben, wodurch das öffentlich Badeleben gestört werden könnte.*«[278]

Da in Bad Saarow nun aber keine Juden mehr verkehrten, war auch eine neue Kurtaxenregelung nicht mehr notwendig. Für andere Kurorte, in denen der Ausschluss der Juden noch nicht vollständig vollzogen war, wurde in einem weiteren Runderlass des Innenministers vom 16. Juni 1939 die bestehenden Regeln reproduziert. Juden waren nur noch unter folgenden Bedingungen zugelassen, wenn »*a) ihnen durch ärztliches Attest im Einzelfall eine Kurbehandlung in einem Heilbad oder heilklimatischen Kurort verordnet ist; ein vom jüdischen Behandler ausgestelltes Attest bedarf der Bestätigung durch das für den Wohnsitz des Kurbedürftigen zuständigen Gesundheitsamtes; und wenn außerdem b) die Möglichkeit besteht, sie getrennt von den übrigen Kurgästen in jüdischen Kuranstalten, Hotels, Pensionen, Fremdenheimen oder dgl. unterzubringen; Voraussetzung ist dabei, dass in diesen Anstalten und Betrieben deutschblütiges weibliches Personal unter 45 Jahren nicht beschäftigt wird.*«[279]

Spätestens mit dem Ausbruch des Zweiten Weltkriegs wenige Monate später, gab es für Juden keine Möglichkeit mehr, sich in den Kur- und Erholungsortes aufzuhalten. Gleichwohl erlebten diese Orte gerade durch den Krieg einen unerwarteten Aufschwung.

Tourismus
im Zweiten Weltkrieg

Mit dem Ausbruch des Zweiten Weltkrieges veränderte sich die Situation im Fremdenverkehr sehr deutlich. **Tourismus und Krieg** Zunächst dominierten die Stimmen, nun die Institutionen der Fremdenverkehrspolitik gänzlich aufzulösen. Krieg und Tourismus schienen sich gegenseitig auszuschließen. Schon einen Tag vor dem deutschen Überfall auf Polen hatte Reichsinnenminister Wilhelm Frick im Erlass zur »*Vereinfachung der Verwaltung im gemeindlichen Bereich*« verordnet: »*Weitestgehend einzuschränken sind bei den Gemeinden die Arbeiten der Fremdenverkehrsverkehrsämter und Verkehrsämter.*«[280] Am 21. Oktober teilte der Landesverkehrsverband Mark Brandenburg jedoch mit, »*dass der Verband seine Arbeit beibehält und den Gemeinden weitgehend zur Verfügung steht. Es ist selbstverständlich, dass auch bei längeren Anhalten des jetzigen Zustandes der Reiseverkehr niemals aufhören wird. Die wesentliche Aufgabe des Verbandes, durch die Förderung von Reisen und Erholung die Volkskraft zu erhalten, werden hierbei noch stärker wie in normalen Zeiten zu pflegen sein.*«[281] Neun Tage später stellte auch der Landesverkehrsverband Westfalen fest, dass mit dem Erlass des Reichsminister des Innern zwar »*alle Fremdenverkehrsstellen sich den unter den gegebenen Verhältnissen gebotenen Einschränkungen zu unterziehen und mit allen Möglichkeiten in kriegswichtige Arbeiten einzuschalten*« hätten – eine völlige Einstellung der Arbeit komme jedoch nicht in Frage. Denn es sei davon auszugehen – so schrieb der Landesverkehrsverband Westfalen –, »*dass sich der innerdeutsche Reiseverkehr auch bei längerdauernden kriegerischen Verwicklungen im größeren Umfange weiter abwickeln wird.*«[282]

Spätere Versuche, die Landesverkehrsverbände abzuschaffen, wehrte Hermann Esser durch direkte Intervention bei Adolf Hitler ab. Hitler entschied schließlich in

Essers Sinne, und Martin Bormann teilte dem Innenminister mit, »*dass er [Hitler] Ihre Auffassung, die Landesfremdenverkehrsverbände hätten ihre Daseinsberechtigung verloren und seien daher aufzulösen, nicht teilen mag*«.[283] Esser kostete seinen Triumph aus, indem er den Regierungspräsidenten in Frankfurt an der Oder zurechtwies: »*Ich bitte, aus dem Sachverhalt zu entnehmen, dass heute Zweifel über den Fortbestand der Fremdenverkehrsverbände nicht mehr möglich sind und dass die Organisation ihre Tätigkeit mit den im Kriege gebotenen Einsparungen und in Ausrichtung auf die Kriegsaufgaben fortsetzt.*«[284]

Tatsächlich waren die Aufgaben keinesfalls geringer geworden. Denn der Zweite Weltkrieg versachte »*eine der größten Völkerwanderungen in der Geschichte der Menschheit*«, wie der Historiker Michael Krause schreibt.[285] Der Krieg erzwang neue Formen der Mobilität und stellte damit auch die Fremdenverkehrspolitik vor neue Herausforderungen. Mit den gewaltigen Truppenbewegungen im Vorfeld der deutschen Feldzüge entstand die Notwendigkeit, tausende Soldaten im Reichsgebiet unterzubringen. Nicht selten wurde dabei auf Fremdenhäuser und Hotels zurückgegriffen. Diese Tatsache sollte freilich in der Öffentlichkeit nicht bekannt werden – zum einen, damit die Kriegsgegner nicht von den bevorstehenden Aktionen der Wehrmacht erfuhren; zum anderen, um die Bevölkerung nicht zu beunruhigen. Der Landesfremdenverkehrsverband Mark Brandenburg wies an: »*In Einzelauskünften von örtlichen Fremdenverkehrsstellen wird häufig angegeben, dass der betreffende Ort von Militär belegt ist. Eine derartiger Hinweis ist aus naheliegenden Gründen unzulässig. Es interessiert den Nachfragenden nicht, wer die Unterkünfte belegt hat.*«[286]

Gleichwohl bemühten sich die lokalen Verantwortlichen für den Fremdenverkehr um ein gutes Verhältnis zur

Wehrmacht. So übernahmen die Landesfremdenverkehrsverbände zumindest teilweise die Betreuung der Soldaten durch Werbeschriften, Führungen und Lichtbildervorträge.[287] Das war nicht ganz uneigennützig, denn so mancher Kur- und Erholungsort wusste die Anwesenheit der Soldaten für sich zu nutzen. Beispielsweise halfen die Wehrmachtsoldaten dem Sauerländische Gebirgsverein bei der Instandsetzung von Wanderwegen und der Aufstellung von Bänken.[288]

Die Soldaten waren jedoch nicht die einzige »Gästegruppe«, die im Zweiten Weltkrieg in den Kur- und Erholungsorten untergebracht werden musste. Hinzukam insbesondere in den ersten Kriegsjahren die sogenannte »*Unterbringung der aus den Räumungsgebieten rückgeführten Personen in den Bergungsgebieten*«.[289] Hinter der komplizierten Formulierung verbarg sich folgender Zusammenhang: Da unklar war, ob nach dem deutschen Überfall auf Polen und den Kriegserklärungen von Frankreich und Großbritannien im Westen eine Offensive der Westmächte gegen Deutschland erfolgten würde, und um zugleich den Aufmarsch deutscher Truppen an der Westgrenze des Reiches zu ermöglichen, wurden bereits in den Tagen vor Kriegsbeginn zahlreiche Menschen aus den Gebieten an der Westgrenze evakuiert und in Kur- und Erholungseinrichtungen im restlichen Reichsgebiet einquartiert – dort standen vergleichsweise viele Unterkünfte zur Verfügung.[290]

Während die Rückgeführten bald heimkehren konnten, drängten in den folgenden Jahren Menschen aus »*luftgefährdeten*« Gebieten, die sich vor den alliierten Luftangriffen in Sicherheit bringen wollten, Evakuierte aus den Großstädten und schließlich Ausgebombte und Flüchtlinge aus den deutschen Ostgebieten in die Fremdenverkehrsorte mit großen Beherbergungskapazitäten.[291]

Schließlich wurden in den Kurorten, die sich durch eine sehr gute medizinische Versorgung auszeichneten, Reservelazarette eingerichtet. Auch dadurch wurde der »*normale*« Kurbetrieb stark beeinträchtigt. Erhebliche Schwierigkeiten bereiteten indes weniger die kriegsversehrten Soldaten als vielmehr ihre Angehörigen, die sie besuchten. Denn durch die zahlreichen Besuche wurden »*die ohnedies auf äußerste begrenzte Unterbringungsmöglichkeiten der kurbedürftigen Kranken*« weiter beschränkt.[292] Auf Intervention Hermann Essers erließ der Heeres-Sanitätsinspekteur am 26. Mai 1942 den Befehl, dass die Chefärzte der Lazarette in Heilbädern und Kurorten, »*Bescheinigung zum Aufenthalt von Angehörigen nur noch auf die Dauer von wenigen Tagen*« ausstellen durften.[293]

So waren Fremdenverkehrsorte bereits im Sommer 1940 völlig überfüllt. Der Landesfremdenverkehrsverband Westfalen teilte mit, »*dass für die Zeit der großen Schulferien von Mitte Juli bis Ende August fast alle Fremdenverkehrsgemeinden vollständig belegt sind.*«[294] Bestätigt werden diese Berichte durch eine der wenigen Statistiken über das Fremdenverkehrsaufkommen im Krieg, die in den »*Meldungen aus dem Reich*« vom 31. Juli 1941 überliefert ist. Für zehn südbayerische Fremdenverkehrsorte wurden die Übernachtungszahlen vom Mai 1940 mit denen im Mai 1941 verglichen. Insgesamt ist eine massive Steigerung von 119,7 % festzustellen. Vergleichsweise gering erscheinen dabei die Steigerungsrate in München (58,5 %), Garmisch-Partenkirchen (76,8 %) und Bad Tölz (94,5 %). Kohlgrub und Oberstdorf erreichten jedoch erheblich höhere Steigerungsraten (567 % bzw. 585,5 %). Ganze 3258 % betrug die Steigerungsrate in Wertach.[295]

Der Situation in den Fremdenverkehrsorten entsprach auch die Lage im Transportwesen. Die Bahn musste immer mehr Aufgaben übernehmen. Truppen- und Waffentransporte waren durchzuführen. Nicht zuletzt beanspruchte die Deportation der jüdischen Bevölkerung große Kapazitäten der Eisenbahn, die für andere Transporte nicht genutzt werden konnten. Im sehr kalten Winter 1939/40 froren zudem die zahlreiche Fluss- und Kanalverbindungen zu, so dass der Schiffstransport von Kohle weitgehend ausfiel und wiederum die Eisenbahn einspringen musste. Im Ergebnis musste die Personenförderung bereits im ersten Kriegswinter erheblich eingeschränkt werden. Wirkliche Verbesserungen konnten in der Folgezeit nicht erreicht werden.[296]

Doch zugleich wollten immer mehr Menschen mit der Bahn unterwegs sein. Zahlreiche Klagen über die Überbelastung der Eisenbahn sind in den Meldungen aus dem Reich gesammelt. 1942 heißt es beispielsweise: *»Selbst Packwagen und Bremshäuser seien gestürmt worden und ein Ein- und Aussteigen sei oftmals nur durch die Fenster möglich gewesen.«*[297] Im Volksmund kursierte der Satz: *»Ihr sollt Deutschland in vollen Zügen genießen!«*[298]

Auch wenn aus den wenigen Statistiken nicht hervorgeht, wie viele dieser Reisen allein zum Vergnügen durchgeführt wurden, gibt es zahlreiche Hinweise darauf, dass die Deutschen die überfüllten Züge und die schwierige Beherbergungssituation in den Kurorten gelassen hinnahmen, um für einige Zeit dem Kriegsalltag zu entkommen. In den Meldungen aus dem Reich vom 2. April 1942 heißt es beispielsweise: *»Man brauche sich – so wird aus Vorarlberg berichtet – nur das überaus elegante Publikum der Wintersportplätze und insbesondere die pelzbehängten und mit wertvollsten Toiletten ausgerüsteten Damen anzusehen, und man könne unschwer erkennen, dass es sich in der Hauptsache nicht um erholungsbedürftige Rüstungsarbeiter oder Rüstungsangestellte handle, dass es sich vielmehr um Leute handle, die die Wintersportplätze aufsuchen, um sich zu ›amüsieren‹.«*[299]

Auch der Propagandaminister Joseph Goebbels nahm diese Meldungen wahr und sorgte sich, dass im Lande eine Missstimmung entstehen könnte: *»Die ›Bombenfrischler‹*

machen mir noch immer große Sorgen [...] Dieses parasitäre Geschmeiß versaut einen Großteil der Stimmung. Schade, dass für diese nichtsnutzigen Weiber immer noch nicht die Arbeitspflicht eingeführt ist«, schrieb er bereits im Sommer 1941.[300]

Hermann Esser indes schien keine Schwierigkeiten mit diesen Kurgästen, die um ihres Vergnügens Willen reisten, zu haben. Erst als Goebbels sogar die Gestapo einschalten wollte, um gegen die »*Vergnügungsreisenden*« vorzugehen, lenkte auch Esser ein.[301] Doch die Möglichkeiten, diese »*Vergnügungsreisen*« einzuschränken, waren sehr gering, da Reisen, gleichgültig aus welchen Anlass sie erfolgten, bis zum Kriegsende nicht bewirtschaftet wurde. Es entstand sogar die historisch interessante Situation, »*dass infolge der immer weiter fortschreitenden Einengung der gesamten Lebenshaltung die Erholungsreise fast die einzige Möglichkeit geworden ist, überhaupt noch wesentliche Geldbeträge auszugeben. Infolgedessen wird der Gästeandrang immer mehr auch aus den breiten Volksschichten vermehrt, vor allem aus den luftgefährdeten Gebieten.*«[302] Gebiete wie das Sauerland mit seiner Nähe zum Ruhrgebiet erlebten im Zweiten Weltkrieg einen Fremdenverkehrsboom, zu dem gerade die unteren Bevölkerungsschichten beitrugen.[303] So erwies sich paradoxerweise der Krieg und die Kriegswirtschaft als Motor zur Demokratisierung des Reisens.

Diese Entwicklungen machten den Fortbestand der fremdenverkehrspolitischen Institutionen notwendig, denn hier saßen jene Menschen, die in den Jahren zuvor Erfahrungen im Umgang mit großen Menschenmassen gesammelt hatten. Gleichwohl hatte sich die Aufgabenstellung völlig verändert. An die Stelle der Förderung trat nun die Verwaltung recht chaotischer Zustände.

Fremdenverkehrslenkung

Vom Reichsführer SS und Chef der deutschen Polizei über unterschiedliche Ministerien und den Reichsfremdenverkehrsverband bis hin zu den Landesfremdenverkehrsverbänden und einzelnen Gemeinden beteiligten sich zahlreiche Stellen an der Fremdenverkehrslenkung und der Einschränkung des Fremdenverkehrs.

Eine der ersten Regelungen betraf jedoch nicht den Fremdenverkehr an sich, sondern die Fremdenverkehrswerbung. Am 10. Januar 1940 verfügte das Propagandaministerium: »*Um die Versorgung der Bevölkerung mit Kohlen sicherzustellen, wird es notwendig sein, dass die Reichsbahn andere Verkehrsaufgaben im gegenwärtigen Zeitpunkt zurückstellt. Insbesondere fällt hierunter eine notwendige Einschränkung des freien Reiseverkehrs. Um nicht in der Bevölkerung den nicht zu befriedigenden Anreiz, Erholungsreisen zu unternehmen, zu wecken und zu fördern, muss mit sofortiger Wirkung jegliche Propaganda für den Erholungsreiseverkehr eingestellt werden.*«[304] Die Landesfremdenverkehrsverbände ignorierten jedoch das Verbot. In geradezu dreister Weise kommentierte der Landesfremdenverkehrsverband Mark Brandenburg den Erlass als vorübergehende Maßnahme.[305] Ein weiteres, am selben Tag herausgegebenes Rundschreiben des Verbandes bekräftigte beinahe trotzig: »*Im Jahre 1940 wird daher dieselbe Anzeigenwerbung wie 1939 durchgeführt werden.*«[306]

Im März 1940 wurde offensichtlich, dass das Werbeverbot als nicht durchzusetzen war. Die Presse wurde jedoch aufgefordert, »*dass sie jede Förderung und Ermunterung des Osterreiseverkehrs unterlässt. Sie wird vielmehr die Bevölkerung auf das Gebot nationaler Disziplin aufmerksam machen, während der Ostertage alle nicht dringend notwendigen Reisen zurückzustellen.*«[307] Plakate wurden gedruckt mit dem Slogan »*Erst siegen, dann reisen! Denke daran: Die Räder müssen rollen für den Sieg!*«[308] Dabei übersah man indes die Eigendynamik des Reisens. Der Fremdenverkehr konnte so nicht mehr reduziert werden, in dem man nur die Werbung stoppte oder an die Bürger appellierte, im Sinne der Kriegsführung auf das Reisen zu verzichten.

Natürlich gab es die Idee, Reisen gänzlich zu verbieten. Doch mehrere Versuche, ein solches Verbot zu erlassen, scheiterten. Explizit teilte das Propagandaministerium im Januar 1940 mit: »*Ein Verbot des Reiseverkehrs auch zu Erholungszwecken wird zur Zeit noch nicht ergehen*«.[309] Auch die naheliegende Idee, Reisebezugsscheine einzuführen, war wohl präsent, wurde aber schließlich zurückgewiesen. Ausdrücklich unterstrich das Propagandaministerium im Frühjahr 1940: »*Die Einführung von Reisebezugsscheinen ist nicht beabsichtigt.*«[310]

Gleichwohl wurde in der Presse die Nachricht gestreut, Vergnügungsreisen seien verboten. Doch auch diese Gerüchte zeigten kaum Erfolg. Zunächst sei »*bei den so genannten Vergnügungsreisenden eine gewisse Furcht entstanden*«, berichten die Meldungen aus dem Reich am 13. April 1942. »*Nachdem sich aber überall herumgesprochen habe, dass keinerlei Kontrollen stattfänden[,] und die Reichsbahn dies auf Anfragen bestätige, sei der Erlass allgemein für Bluff gehalten und, wie es in einigen Meldungen heißt, sogar belächelt worden, zumal keinerlei Bestrafun-

gen erfolgten. [...] So habe beispielsweise eine Volksgenossin, die Ostern eine nicht notwendige Reise noch Ostpreußen angetreten hatte, auf einen entsprechenden Einwand hin geäußert, dass sie dann eben ihren 3-wöchigen Urlaub im Konzentrationslager oder im Gefängnis verbringen würde.«[311] Und im Oktober 1942 wurde festgestellt, »*dass Reiselustige alle Schwierigkeiten im Verkehr, Anstehen nach Zulassungskarten und vollkommen überfüllte Züge usw. willig auf sich nehmen, nur um an ihr Reiseziel zu gelangen. Besonders die früheren Pressehinweise ›Wer zum Vergnügen reist, wird bestraft!‹ wurden nur noch belächelt.«*[312]

Später versuchte man lediglich, mit der Einführung von Zulassungskarten für Bahnfahrten den katastrophalen Zuständen bei der Eisenbahn ein Ende zu bereiten. Die Zulassungskarten sollten mit der Fahrkarte für einen bestimmten Zug erworben werden, um Überfüllungen zu vermeiden. Die Karten galten aber ausdrücklich nicht als Reservierung und stellten kein System der Kontingentierung der Bahnreisen dar, auch Kontrollen fanden nicht statt, wodurch dieses Vorhaben bald zur Farce wurden.[313] Im Jahre 1942 unternahm Esser einen erneuten Vorstoß, Zulassungskarten für private Reisen einzuführen, doch auch dieser Versuch wurde vom Verkehrsministerium verhindert.[314]

Stattdessen erließ Reinhard Heydrich in Vertretung des Reichsführer SS und der Chef der deutschen Polizei am 20. Dezember 1941 einen Erlass, der Polizeidienststellen ermächtigte, mit Polizeiverordnungen anzuordnen, »*dass die Aufenthaltsdauer für Ortsfremde in Fremdenverkehrsgemeinden sowie in sonstigen Gemeinden, in denen eine solche Maßnahme erforderlich erscheint, den Zeitraum von vier Wochen innerhalb eines Jahres nicht überschreiten darf.*« Ohne weitere Voraussetzungen ausgenommen blieben »*kranke und verwundete Angehörige der Wehrmacht und der Waffen-SS*« sowie »*Erwachsene und Kinder, die* mit amtlicher Förderung der Dienststellen der Partei (einschl. ihrer Gliederungen) und des Staates verschickt worden sind.« Auf Antrag konnten auch »kranke Personen, die durch ärztliches Zeugnis nachweisen, dass eine Krankheit oder die Nachwirkung einer schweren Erkrankung einen längeren Aufenthalt erforderlich machen«, »Personen, die das Vorliegen beruflicher Gründe für einen längeren Aufenthalt nachweisen« und »alte und gebrechliche Personen sowie Mütter mit Kindern unter sechs Jahren, soweit diese Personen aus Gebieten stammen, auf die sich die erweiterte Kinderlandverschickung erstreckt«, länger im Kurort verweilen. Bei Zuwiderhandlung drohte eine Geldstrafe und der Verweis aus dem Kurort.[315]

Die grundsätzliche Festlegung dieser Verordnung, zwischen unterschiedlichen Personengruppen zu unterscheiden und die Aufenthaltsdauer zu beschränken, wurde auch in den unterschiedlichen Verordnungen der folgenden Jahre beibehalten. Die jährlichen Erlasse, die Hermann Esser herausgab, reproduzierten im Wesentlichen die Anweisung Heydrichs. Die Anordnung vom 9. Januar 1943 beispielsweise beschränkte die Aufenthaltsdauer grundsätzlich auf drei Wochen; ein längeres Verweilen im Kurort war nur möglich, »wenn dies zur Durchführung einer Kur notwendig ist.«[316] Zeit und Dauer des Erholungsaufenthaltes wurden auf der Kleiderkarte vermerkt.[317] Ein Gast, der die Kleiderkarte nicht vorlegte, durfte nicht beherbergt werden.[318]

Wie Heydrich gewährte Esser den »Wehrmachtsoldaten und solchen Volksgenossen [...], die kriegswichtige Arbeit leisten, insbesondere den Angehörigen der Rüstungsbetriebe und denjenigen Volksgenossen, deren Tätigkeit für die siegreiche Beendigung des Krieges und für den Fortgang des wirtschaftlichen und kulturellen Lebens während des Krieges wichtig ist«, eine vorrangige Stellung ein.[319] Sie galten fortan als »bevorrechtigt«.[320] Erst wenn 14 Tage vor dem

Urlaubstermin keine »bevorrechtigten« Personen eine Buchung vorgenommen hatten, konnten die Urlaubsplätze mit »sonstigen« Personen belegt werden.[321] Diese Unterscheidung zwischen »bevorrechtigten« und »sonstigen« Personen, trug wesentlich dazu bei, dass die Erlasse Essers in Leere liefen. Bereits 1942 bemängelte der Landesfremdenverkehrsverband Westfalen eine ähnliche Bestimmung aus dem Vorjahr. »*Wie soll bei den Prüfungen dieser Nachweis geführt werden?*« fragt der Bericht. »*Wenn der Herbergsgeber behauptet, zum Zeitpunkt der Aufnahme nichtbevorrechtigter Gäste hätten Anfragen bevorrechtigter Gäste in seinem Hause nicht vorgelegen, so kann ihm das Gegenteil nicht nachgewiesen werden. Wir können höchstens die Wahrscheinlichkeit dartun, dass angesichts der großen Nachfrage bevorrechtigter Gäste die Behauptung des Herbergsgebers unglaubwürdig sei, aber es lässt sich dagegen kein schlüssiger Beweis führen. Der Herbergsgeber, der z. B. aus Gefälligkeit alte Stammgäste, die nicht bevorrechtigt sind, gegenüber bevorrechtigten Gästen vorziehen will, kann das in den meisten Fällen tun, ohne dass ihm ein Verstoß gegen die Anordnung nachgewiesen werden kann.*«[322] Vor allem Wehrmachturlauber standen allzu oft vor restlos belegten Pensionen, da sie ihren Urlaub nur sehr kurzfristig antreten konnten. Auch ärztliche Bescheinigungen konnten nicht garantieren, dass wirklich nur die Bedürftigen in den Genuss eines Ferienplatzes kamen.[323] Schließlich stellte der Landesfremdenverkehrsverband Westfalen resignierend fest: »*Wer ausreichend Geld, Zeit und Beziehungen hatte, konnte deshalb nach meiner Meinung immer noch so oft uns so lange verreisen, wie er das wünschte.*«[324] So war die Fremdenverkehrspolitik, die im Krieg daraus ausgerichtet war, den Fremdenverkehr einzudämmen, war gescheitert.

Hermann Esser im Zweiten Weltkrieg
Nicht ganz unschuldig an dieser Entwicklung war Hermann Esser. Denn Hermann Essers unzuverlässige Persönlichkeit trat in den Kriegsjahren deutlicher denn je zu Tage. Zunächst herrschten zwar ungewohnt freundliche Töne. So Joseph Goebbels fand zu Beginn des Krieges lobende Worte für seinen Staatssekretär: »*Er macht sich überhaupt vorzüglich*«, schrieb Goebbels am 3.2.1940, und es scheint, als habe Goebbels seinen Frieden mit dem ehemaligen Gegner gemacht.[325] Doch bald kehren die vehemente Klagen über Esser in Goebbels Tagebuch zurück, die bis 1945 nicht mehr verstummen sollten. Im Oktober 1940 notierte Goebbels beispielsweise: »*Man könnte ihn [Esser] viel stärker einsetzen, wenn er nicht so namenlos faul wäre.*«[326] Am 20. August 1942 schreibt Goebbels: »*Esser ist im Bereich meines Ministeriums reichlich faul. Der Führer sagt, er sei seit jeher so gewesen, und gibt mir den Rat, ihn gelegentlich zu bestellen und ihm den Marsch zu blasen.*«[327] Zu diesem Gespräch kam es acht Tage später: »*Danach habe ich eine ziemlich heftige Auseinandersetzung mit Esser. Er bekümmert sich um seine Aufgaben nicht und glaubt, wenn er hin und wieder einmal zum Mittagessen erscheine, dann habe er genug getan. Ich halte ihm das ganz offen vor, und er verspricht mir, sich nun etwas mehr um sein Amt zu bekümmern. Ich teile ihm auch mit, dass eine Berufung auf den Führer mir nicht mehr imponiert. Ich habe schon diesen Fall mit dem Führer durchgesprochen, und er billigt durchaus mein Vorgehen.*«[328] Hitler selbst habe Esser die Leviten gelesen, berichtete Goebbels am 22. September in seinem Tagebuch.[329] Zufrieden notierte der Propagandaminister wenig später, dass Hitler Esser »*für einen faulen Strick [hält], den man an die Kandare nehmen muss*«.[330] Doch seinen Arbeitsstil veränderte Esser nicht dauerhaft. »*Esser hat hier [im Fremdenverkehrswesen] sehr vieles ver-*

sauen und verkommen lassen«, liest man bei Goebbels am 21. März 1943 quasi als Fazit über die Arbeit seinen Staatssekretärs, bevor der letzte Tagebucheintrag Goebbels über Esser am 13. Februar 1945 geradezu vernichtend ist: »*Ich bin, das bekannte ich dem Führer gegenüber noch einmal, mit Esser und [Otto] Dietrich mit zwei denkbar schlechten Staatssekretären gesegnet. Aber der Führer weigert sich, sie mir abzunehmen, weil er für sie keine andere Verwendung hat.*«[331]

Wesentlich zu den Spannungen zwischen Goebbels und Esser trug bei, dass Esser sich oft nicht an seinem Dienstsitz in Berlin aufhielt, sondern sehr oft bei Hitler auf dem Obersalzberg weilte oder im Auftrag des Führers Reisen u. a. auf den Balkan und nach Sofia unternahm.[332] Goebbels war darob sehr erbost: »*Ich werde nun die Reisetätigkeit im Auftrage des Führers etwas stärker unter die Kontrolle nehmen. Es geht nicht an, dass ein Staatssekretär meines Hauses dauernd in der Welt herumgondelt, die sachliche Arbeit darunter leidet und er seine Reisetätigkeit als eine Art von Erholungsgelegenheit ansieht.*«[333]

Einen Hinweis auf eine weitere Dienstreise Essers findet sich nach diesem Machtwort nicht mehr. Das bedeutet aber nicht, dass Esser nun immer zur Verfügung stand. Als Goebbels an der »*Verwirklichung des totalen Krieges*« arbeitete,[334] und auch das Fremdenverkehrswesen zur Heranziehung weiterer Soldaten durchkämmen wollte, weilte Esser als einer seiner ranghöchsten Mitarbeiter »*natürlich in seinem Landhaus zur Erholung [...] – was könnte man auch anderes von ihm erwarten!*«[335]

Trotz seiner Faulheit versuchte Esser stets, seinen Einflussbereich zu erweitern; er blieb indes erfolglos. Bereits im ersten Kriegsjahr hatte er, wie schon bei seiner Ernennung zum Staatssekretär, versucht seine Stellung im Propagandaministerium auszubauen. Bei den 1940 anstehenden Strukturveränderungen im Ministerium verlangte Esser so viele neue Aufgabengebiete hinzu, dass Goebbels die Neuorganisation lieber gänzlich hinausschob, als auf Essers Forderungen einzugehen.[336]

Später im Krieg äußerte Hermann Esser den Wunsch, »*irgendwo im politischen Leben angesetzt zu werden*«.[337] Binnen weniger Monate wollte er Gauleiter in München-Oberbayern,[338] bald darauf in der Bayrischen Ostmark werden.[339] Selbst den Präsidentenposten der Deutschen Akademie der Wissenschaften nahm Esser ins Visier.[340] Doch Esser blieb bis zum Kriegsende, was er seit Januar 1939 war: Staatssekretär für Fremdenverkehr im Propagandaministerium; und er leistete dort leidliche Arbeit.

Als die Fremdenverkehrspolitik im Zweiten Weltkrieg mehr denn je an die Grenzen ihrer Möglichkeiten stieß, konnte sich Hermann Esser noch einmal im Lichte seiner Verdienste sonnen, die er in der »*Kampfzeit*« erworben hatte. Am 24. Februar 1943, dem 23. Jahrestag der Gründung der NSDAP, verlas die Proklamation des »*Führers*« in München.[341] Auch zwei Jahre später kam Esser die zweifelhaften Ehre zu, weniger als drei Monate vor dem Kriegsende den alten Kampfgeist der NSDAP zu beschwören, indem er die Proklamation Hitlers zum Parteigründungstag verlas.[342] Wer konnte den Mythos jener Tage Anfang der 1920er-Jahre besser verkörpern als Hermann Esser? Hatte er nicht maßgeblich zur Entstehung des Mythos beigetragen?

In seinem eigenen Tätigkeitsfeld macht- und wirkungslos geworden, appellierte Esser nun im Namen Hitlers an den Geist der »*Kampfzeit*«, auch wenn die Tage des »*Tausendjährigen Reiches*«, das sie damals schaffen wollten, längst gezählt waren. Hermann Esser war zu einem Symbol für Aufstieg und Fall der Bewegung geworden.

Nachwort

Den Werdegang von Hermann Esser vom »*alten Kämpfer*« zum »*Leiter des Fremdenverkehrs*« verspottete Joseph Goebbels als »*Tragikomödie*«.[343] In der Frühzeit der NSDAP wirkte Esser maßgeblich am Aufstieg der Partei mit und beförderte durch sein rhetorisches Talent und seine Arbeit für den »*Völkischen Beobachter*« den Führerkult um Adolf Hitler. Früh tritt jedoch sein schwieriger Charakter hervor. Arrogantes Auftreten mischte sich mit Faulheit und Machtstreben. 1926 war Hermann Esser für die NSDAP untragbar geworden. Hermann Esser musste in die zweite Reihe zurücktreten. Ein Come-Back gelang, als er das Gebiet des Fremdenverkehrs entdeckte. Während Robert Ley die KdF ins Leben rief, wandte er sich den Institutionen, Verbänden und Vereinen zu, die mehr oder weniger eng mit dem Fremdenverkehr verbunden waren. Hermann Esser wurde zum »*Fremdenverkehrsgewaltige[n]*«.[344] Er vereinte eine Vielzahl von Posten, selbst eine Forschungsgemeinschaft war nach ihm benannt. Über wirkliche Macht verfügte er indes nicht. Auch gelang es Hermann Esser nicht, aus dem Schatten der KdF herauszutreten, die zwar zahlenmäßig belanglos war, aber umso größere propagandistische Erfolge feiern konnte, die bis in die Gegenwart nachwirken. Hermann Esser hat die Nachwelt hingegen beinahe vergessen – wäre da nicht die Frühzeit der NSDAP ...

Bemerkenswerterweise war es die von Hermann Esser forcierte Gleichschaltung der »*Fremdenverkehrspolitik*«, die diesem erst in den 1920er-Jahren entstandenen Politikfeld Anerkennungen verschaffte und letztendlich zu ihrer Etablierung beitrug. Anders formuliert: Hermann Esser wirkte mit seinem Machtstreben daran mit, dass der Fremdenverkehr überhaupt erst als Politikfeld aufgefasst wurde – ein im positiven Sinne moderner Gedanken, wenngleich die Fremdenverkehrspolitik wie alle andere Politikbereiche im Nationalsozialismus ganz auf die Ziele der Nationalsozialisten ausgerichtet war, so dass auch der Fremdenverkehr zwischen 1933 und 1945 ein rassistisches und nationalsozialistisches, menschenverachtendes Gesicht zeigte. Der Ausschluss der Juden aus den Kur- und Erholungsorten markiert das dunkelste Kapitel der deutschen Tourismusgeschichte sehr eindringlich.

Nach dem Krieg wurde Hermann Esser zwei Jahre von den Amerikanern interniert. Doch die Ankläger von Nürnberg interessieren sich angesichts der Menschheitsverbrechen anderer Nazis nicht für Hermann Esser. Er wird als »*minderbelastet*« freigelassen. Deutsche Gerichte sannen jedoch darauf, das milde Urteil der Amerikaner zu revidieren, denn immerhin war Esser in der Weimarer Republik und in die letzten Kriegstagen ein Symbol der nationalsozialistischen Bewegung gewesen. Hermann Esser tauchte nach seiner Entlassung aus der Internierung unter, um sich der deutschen Strafverfolgung zu entziehen.

Noch einmal wollte Hermann Esser sich als Schriftsteller versuchen. Zusammen mit dem Autoren Hans Georg Bosl verfasste er ein Buch über »*Die Frauen um Hitler*«, doch dieses Buch ist nie erschienen.[345] Die erneute Verhaftung folgte 1949. Hermann Esser wurde von deutschen Gerichten zu 5 Jahren Arbeitslager verurteilt. Durch Anerkennung der Haftzeit bei den Amerikanern wird Hermann Esser 1952 freigelassen.

In der Bundesrepublik Deutschland wurde es still um den Mann, der einst das NSDAP-Mitglied Nr. 2 gewesen war. An seinen achtzigsten Geburtstag erinnerte sich jedoch die Bayerische Staatskanzlei: Franz-Joseph Strauß ließ dem ehemaligen bayerischen Staatsminister seine Glückwünsche überbringen.[346] Am 7. Februar 1981 starb Hermann Esser in Holzkirchen bei München im Alter von 81 Jahren.

Anhang

Anmerkungen

1 Konrad Heiden: Adolf Hitler. Das Zeitalter der Verantwortungslosigkeit. Eine Biographie, Bd. 1, Zürich 1936, S. 373.
2 BArch R 55 / 363, Der Präsident des Reichsausschusses [Hermann Esser] an den Herrn Reichsminister für Volksaufklärung und Propaganda [Joseph Goebbels], 18. Februar 1938.
3 Vgl. die Widmung des Buches: Friedrich Rauers: Kulturgeschichte der Gaststätte. 2 Bde. (Schriftenreihe der Hermann-Esser-Forschungsgemeinschaft, Nr. 2), Berlin 1941.
4 Vgl. Hans- Ulrich Thamer: Verführung und Gewalt. Deutschland 1933-1945 (Siedler Deutsche Geschichte, Bd. 11), Berlin 1986, S. 494 ff.; Wolfhard Buchholz: Die nationalsozialistische Gemeinschaft »*Kraft durch Freude*«. Freizeitgestaltung und Arbeiterschaft im Dritten Reich, München 1976; Hasso Spode: Arbeiterurlaub im Dritten Reich, in: Carola Sachse u. a. (Hgg.): Angst, Belohnung, Zucht und Ordnung. Herrschaftsmechanismen im Nationalsozialismus, Opladen 1982, S. 275–328; Hasso Spode/Albrecht Steinecke: Die NS-Gemeinschaft »*Kraft durch Freude*«. Ein Volk auf Reisen?, in: Hasso Spode (Hg.): Zur Sonne, zur Freiheit! Beiträge zur Tourismusgeschichte (Institut für Tourismus, Beiträge und Materialien, Nr. 11), Berlin 1991, S. 79–93; Bruno Fromann: Reisen im Dienste politischer Zielsetzungen. Arbeiter-Reisen und »*Kraft-durch-Freude*«Fahrten, Stuttgart 1992.
5 Hasso Spode: »*Der deutsche Arbeiter reist*«. Massentourismus im Dritten Reich, in: Gerhard Huck (Hg.): Sozialgeschichte der Freizeit. Untersuchungen zum Wandel der Alltagskultur in Deutschland, Wuppertal 1980, S. 281–306, hier S. 300.
6 BArch R 55 / 365, Niederschrift über die 4. Sitzung des Reichsausschusses für Fremdenverkehr, abgehalten mit den Leitern und Geschäftsführern der 24 Landesfremdenverkehrsverbände am 4. Juli 1936, S. 10.
7 Joachim Lilla: Esser, Hermann, in: ders. (Hg.): Staatsminister, leitende Verwaltungsbeamte und (NS-)Funktionsträger in Bayern 1918–1945, 9. Dez. 2014, URL: http://verwaltungshandbuch.bayerische-landesbibliothek-online.de (besucht am 25.02.2015).
8 Wolfgang J. Mommsen: Die Urkatastrophe Deutschlands. Der Erste Weltkrieg 1914–1918 (Gebhardt. Handbuch der deutschen Geschichte, Bd. 17), Stuttgart 2002, S. 123 ff.
9 Günther Gründel: Die Sendung der jungen Generation. Versuch

einer umfassenden revolutionären Sinndeutung der Krise, München 1932, S. 33. Zwar ist der Generationenbegriff in der Geschichtswissenschaft nicht unumstritten, denn oft es schwer auszumachen, was das verbindende Element einer Generation ist. Doch der erste Weltkrieg war ein so gewaltiger Einschnitt in das Leben jedes Einzelnen, dass er wie kein anderes Ereignis generationell wahrgenommen und gedeutet wurde. Ulrike Jureit: Generation, Generationalität, Generationenforschung, Version: 1.0, in: Docupedia-Zeitgeschichte, 11. Feb. 2010, URL: http://docupedia.de/zg/Generation?oldid=97400; Ulrich Herbert: Best. Biographische Studien über Radikalismus, Weltanschauung und Vernunft 1903-1989, Bonn 1996; Ute Daniel: Kompendium Kulturgeschichte. Theorie, Praxis, Schlüsselwörter, 3. Aufl., Frankfurt am Main 2002, S. 330-345.

10 Hermann Esser Staatssekretär, in: Deutsches Nachrichtenbüro, 27. Jan. 1939.

11 Gründel: Die Sendung der jungen Generation (wie Anm. 9), S. 23.

12 Werner Maser: Der Sturm auf die Republik. Frühgeschichte der NSDAP, Frankfurt am Main, Berlin, Wien 1981, S. 199.

13 Georg Franz-Willing: Ursprung der Hitlerbewegung 1919-1922, 2. Aufl., Preußisch Oldendorf 1974, S. 175. Vgl. auch S. 23 in diesem Buch.

14 Ernst Hanfstaengl: Zwischen Weißem und Braunem Haus. Memoiren eines politischen Außenseiters, München 1970, S. 50.

15 Ob Esser ein regelrechtes Volunatriat absolvierte, wie Maser behauptet, muss jedoch bezweifelt werden, da die Zeit seiner Tätigkeit bei der Zeitung hierfür zu kurz war. Ebenso unbegründet ist die Annahme Masers, dass Hermann Esser zu Beginn der 1920er-Jahre Zeitungswissenschaft studierte. Vgl. Maser: Der Sturm auf die Republik (wie Anm. 12), S. 199 f.

16 Herbert Müller: Kempten während der Weimarer Republik, in: Volker Dotterweich u. a. (Hgg.): Geschichte der Stadt Kempten, Kempten 1989, S. 407–435, hier S. 411 f.

17 Zit. nach: Hans Thieme: Der Gewaltakt gegen die Redaktion der Tageszeitung »*Allgäuer Volkswacht*« am 12. August 1919 in Kempten. Ein Beitrag zur Geschichte des Allgäus aus der Zeit der inneren Unruhen nach dem I. Weltkrieg, in: Allgäuer Geschichtsfreund. Blätter für Heimatforschung und Heimatpflege 1976, Hf. 76, S. 107–122, hier S. 115.

18 Ebd., S. 116 f.

19 So Mayr in einem Brief an Kuntstätter, 12. September 1919, zit.

nach: Ernst Deuerlein: Hitler Eintritt in die Politik und die Reichswehr, in: Vierteljahshefte für Zeitgeschichte Jg. 7 (1959), S. 177–227, hier S. 184.
20 Ingo Korzetz: Die Freikorps in der Weimarer Republik. Freiheitskämpfer oder Landsknechtshaufen? Aufstellung, Einsatz und Wesen bayerischer Freikorps 1918–1920, Marburg 2009, S. 88.
21 Daniel von Pitrof: Gegen Spartakus in München und im Allgäu. Erinnerungsblätter des Freikorps Schwaben. Zusammengestellt vom ehemaligen Führer des Freikorps, München 1937, S. 38.
22 Maser: Der Sturm auf die Republik (wie Anm. 12), S. 154.
23 Ian Kershaw: Hitler 1889-1936, übers. v. Jörg W. Rademacher Jürgen Peter Krause, Stuttgart 1998, S. 166 f.
24 Deuerlein: Hitler Eintritt in die Politik und die Reichswehr (wie Anm. 19), S. 179 f.
25 Esser an Mayr, 11. August 1919, zit. nach: ebd., S. 196 f.
26 Vgl. Kershaw: Hitler 1889-1936 (wie Anm. 23), S. 167.
27 Maser: Der Sturm auf die Republik (wie Anm. 12), S. 200.
28 Ebd., S. 154 u. 199.
29 Heiden: Adolf Hitler (wie Anm. 1), S. 99.
30 Kershaw: Hitler 1889-1936 (wie Anm. 23), S. 165; Maser: Der Sturm auf die Republik (wie Anm. 12), S. 199.
31 Joseph Goebbels, 6. November 1925, zit. nach: Elke Fröhlich (Hg.): Die Tagebücher des Joseph [Paul] Goebbels. Sämtliche Fragmente. Teil 1: Aufzeichnungen, Bd. 1-9, München 1987-2000. Teil 2: Diktate, Bd. 1-15, München 1993-1996. München (im Folgenden zit. als TBJG), Teil 1, Bd. 6, S. 140.
32 Kershaw: Hitler 1889-1936 (wie Anm. 23), S. 171.
33 Maser: Der Sturm auf die Republik (wie Anm. 12), S. 199 u. Anm. 219; vgl. auch: Albrecht Tyrell: Führer befiehl… Selbstzeugnisse aus der »Kampfzeit« der NSDAP, Düsseldorf 1969, S. 22.
34 Kershaw: Hitler 1889-1936 (wie Anm. 23), S. 181.
35 Ebd., S. 199.
36 Ebd., S. 203.
37 Joachim C. Fest: Hitler. Eine Biographie, Frankfurt am Main, Berlin, Wien 1976, S. 200.
38 Albrecht Tyrell: Vom »Trommler« zum »Führer«, München 1975, S. 41.
39 Karl Dietrich Bracher: Die deutsche Diktatur. Entstehung, Struktur, Folgen des Nationalsozialismus, 7. Aufl., Köln 1993, S. 90.

40 Zit. nach: Alan Bullock: Hitler. Eine Studie über Tyrannei, Kronberg (Taunus) 1977, S. 64. Vgl. auch: Ludolf Herbst: Hitlers Charisma. Die Erfindung eines deutschen Messias, Frankfurt am Main 2010.
41 Fest: Hitler (wie Anm. 37), S. 200.
42 Dietrich Orlow: The History of the Nazi Party 1919-1933, Pittsburgh 1969, S. 24.
43 Tyrell: Führer befiehl... (wie Anm. 33), S. 16.
44 Martin Broszat: Der Staat Hitlers. Grundlegung und Entwicklung seiner inneren Verfassung, München 1969, S. 66.
45 Harold J. Gordon: Hitlerputsch 1923. Machtkampf in Bayern 1923-1924, Frankfurt am Main 1971, S. 62.
46 Orlow: The History of the Nazi Party 1919-1933 (wie Anm. 42), S. 22.
47 Tyrell: Vom »*Trommler*« zum »*Führer*« (wie Anm. 38), S. 175 ff.
48 Margarete Plewina: Auf dem Weg zu Hitler. Der »*völkische*« Publizist Dietrich Eckart (Studien zur Publizistik, Bd. 14), Bremen 1970, S. 83.
49 Maser: Der Sturm auf die Republik (wie Anm. 12), S. 200 f.
50 Hanfstaengl: Zwischen Weißem und Braunem Haus (wie Anm. 14), S. 50. Auch Kurt Georg W. Lüdecke bezeichnet Esser in seinen 1938 erschienenen Memoiren als »*enfant terrible*«, vgl. Kurt Georg W. Lüdecke: I Knew Hitler. The Story of a Nazi Who Escaped The Blood Purge, New York 1937, S. 525.
51 David Clay Large: Hitlers München. Aufstieg und Fall der Hauptstadt der Bewegung, München 2001, S. 201 f.
52 Heiden: Adolf Hitler (wie Anm. 1), S. 141 u. 145.
53 Tyrell: Vom »*Trommler*« zum »*Führer*« (wie Anm. 38), S. 117 f.
54 Maser: Der Sturm auf die Republik (wie Anm. 12), S. 266 f.
55 Heiden: Adolf Hitler (wie Anm. 1), S. 145.
56 Vgl. das Flugblatt »*Adolf Hitler Verräter?*«, zit. nach: Franz-Willing: Ursprung (wie Anm. 13), S. 175.
57 Heiden: Adolf Hitler (wie Anm. 1), S. 145.
58 Anton Joachimsthaler: Hitlers Weg begann in München 1913-1923. Mit einem Geleitwort von Ian Kershaw, München 2000, S. 289.
59 Flugblatt »*Adolf Hitler Verräter?*«, zit. nach: Franz-Willing: Ursprung (wie Anm. 13), S. 175.
60 Kershaw: Hitler 1889-1936 (wie Anm. 23), S. 210.

61 Tyrell: Vom »*Trommler*« zum »*Führer*« (wie Anm. 38), S. 123.
62 Kershaw: Hitler 1889-1936 (wie Anm. 23), S. 212.
63 Adolf Hitler: Rede auf einer Parteiversammlung, 29. Juli 1921, in: Eberhard Jäckel/Axel Kuhn (Hgg.): Hitler. Sämtliche Aufzeichnungen 1905-1924 (Quellen und Darstellungen zur Zeitgeschichte, Bd. 21), Stuttgart 1980, S. 447–449, hier S. 448.
64 Heiden: Adolf Hitler (wie Anm. 1), S. 147. Konrad Heiden macht keine Quellenangabe für diese Ausführungen. Etwas prosaischer wird Hitler in der Münchner Post zitiert, die über den Prozess berichtete: »*Besonders nahm sich Hitler seines Freundes Esser an, an dem er nur seine Jugend tadle. Denn nach Hitler soll sich kein Mensch unter 30 Jahren mit der Politik beschäftigen.*«(Münchner Post vom 6. Dezember 1921, zit. nach: Jäckel/Kuhn: Hitler (wie Anm. 63), S. 529 f.)
65 Adolf Hitler: Offener Brief an Graefe, 17. März 1926, in: ders.: Reden, Schriften, Aufzeichnungen. Februar 1925 bis Januar 1933. 6 Bde. Hrsg. v. Institut für Zeitgeschichte, München, London, New York 1992-2003, Bd. 1, S. 340–351, hier S. 341.
66 Orlow: The History of the Nazi Party 1919-1933 (wie Anm. 42), S. 25.
67 Fest: Hitler (wie Anm. 37), S. 207; vgl. Ian Kershaw: Der Hitler-Mythos. Führerkult und Volksmeinung, München 1999, S. 37.
68 Ders.: Hitler 1889-1936 (wie Anm. 23), S. 230.
69 Gerhard Paul: Aufstand der Bilder. Die NS-Propaganda vor 1933, Bonn 1992, S. 59.
70 Plewina: Auf dem Weg zu Hitler (wie Anm. 48), S. 83.
71 Wolfgang Horn: Führerideologie und Parteiorganisation in der NSDAP 1919-1933 (Geschichtliche Studien zur Politik und Gesellschaft, Bd. 3), Düsseldorf 1972, S. 105.
72 Maser: Der Sturm auf die Republik (wie Anm. 12), S. 287; Adolf Hitler: Meine Antwort. Erklärung, in: Eberhard Jäckel/Axel Kuhn: Hitler (wie Anm. 63), S. 600–607, hier S. 604.
73 Heiden: Adolf Hitler (wie Anm. 1), S. 373.
74 Vgl. Georg Franz-Willing: Krisenjahr der Hitlerbewegung 1923, Preußisch Oldendorf 1975, S. 154 u. 144.
75 Gottfried Feder: Brief an Hitler, 10. August 1923, in: Georg Franz-Willing: Krisenjahr (wie Anm. 74), S. 145–146, hier S. 145.
76 Vgl. die Anklageschrift zum Hitler-Prozess 1924 Lothar Gruchmann/Reinhard Weber (Hgg.): Der Hitler-Prozess 1924. Wortlaut der Hauptverhandlung vor dem Volksgericht München I. 4 Bde.

München 1997 1997-1999, Bd. 1, S. 309.
77 Adolf Hitler: Brief an Julius Schleicher, 8. November 1923, in: Eberhard Jäckel/Axel Kuhn: Hitler (wie Anm. 63), S. 1058, hier S. 1058.
78 Lüdecke: I Knew Hitler (wie Anm. 50), S. 170.
79 Hanfstaengl: Zwischen Weißem und Braunem Haus (wie Anm. 14), S. 144.
80 Hitler: Offener Brief an Graefe, 17. März 1926 (wie Anm. 65), S. 350 f.
81 Hanfstaengl: Zwischen Weißem und Braunem Haus (wie Anm. 14), S. 127.
82 Ebd., S. 138 f.
83 Vgl. die Aussage von Joseph Werner im Hitler-Prozess, zit. nach: Gruchmann/Weber (Hgg.): Hitler-Prozess (wie Anm. 76), S. 543 ff.
84 Maser: Der Sturm auf die Republik (wie Anm. 12), S. 443 f.
85 Kershaw: Hitler 1889-1936 (wie Anm. 23), S. 281.
86 Dies stellte Generalstaatskommissar Kahr in einem Schreiben an die Regierungen fest, zit. nach: Ernst Deuerlein (Hg.): Der Hitler-Putsch. Bayerische Dokumente zum 8./9. November 1923 (Quellen und Darstellungen zur Zeitgeschichte, Bd. 9), Stuttgart 1962, S. 587.
87 So Ministerpräsident Killing in einem Schreiben vom 12. Januar 1924 an den Landeshauptmann von Salzurg, zit. nach: ebd., S. 567.
88 Zit. nach: ebd., S. 574.
89 Vgl. den Bericht des Ministerpräidenten Killing an den Landeshauptmann von Salzburg, zit. nach: ebd., S. 567.
90 Vgl. die widersprüchlichen Dokumente in: ebd., S. 584 u. 587.
91 Kershaw: Hitler 1889-1936 (wie Anm. 23), S. 283.
92 Martin Döring: Parlamentarischer Arm der Bewegung. Die Nationalsozialisten im Reichstag der Weimarer Republik (Beiträge zur Geschichte des Parlamentarismus und der politischen Parteien, Bd. 130), Düsseldorf 2001, S. 47.
93 Horn: Führerideologie und Parteiorganisation in der NSDAP 1919-1933 (wie Anm. 71), S. 178 ff.
94 Orlow: The History of the Nazi Party 1919-1933 (wie Anm. 42), S. 51 f.
95 Vgl. das Schreiben von Hermann Fobke an Adalbert Volck vom 29.7.1924, zit. nach: Werner Jochmann (Hg.): Nationalsozialismus und Revolution. Ursprung und Geschichte der NSDAP in Ham-

burg 1922-1933. Dokumente (Veröffentlichung der Forschungsstelle für die Geschichte des Nationalsozialismus in Hamburg, Bd. III), Frankfurt am Main 1963, S. 123.
96 Zit. nach: Kershaw: Hitler 1889-1936 (wie Anm. 23), S. 343.
97 Adolf Hitler: Deutschlands Zukunft und unsere Bewegung. Rede auf der NSDAP-Versammlung in München, 27. Februar 1925, in: ders.: Reden, Schriften, Aufzeichnungen (wie Anm. 65), Bd. 1, S. 14–28, hier S. 26.
98 Horn: Führerideologie und Parteiorganisation in der NSDAP 1919-1933 (wie Anm. 71), S. 216.
99 Kershaw: Hitler 1889-1936 (wie Anm. 23), S. 351.
100 Paul: Aufstand der Bilder (wie Anm. 69), S. 61.
101 Joseph Goebbels, 19.10.1925: TBJG, Bd. I/1, S. 136.
102 Kershaw: Hitler 1889-1936 (wie Anm. 23), S. 353 ff.
103 Joseph Goebbels, 15.2.1926: TBJG, Bd. I/1, S. 161.
104 Joesph Goebbels, 13.3.1926: Ebd., Bd. 1/1, S. 166.
105 Zit. nach: Döring: Parlamentarischer Arm der Bewegung (wie Anm. 92), S. 58.
106 Peter D. Stachura: Gregor Strasser and the Rise of Nazism, London 1983, S. 50.
107 Anordnung von Adolf Hitler am 16. September, vgl. Hitler: Reden, Schriften, Aufzeichnungen (wie Anm. 65), S. 64.
108 Joseph Goebbels, 8.5.1926: TBJG, Bd. I/1, S. 179.
109 Heiden: Adolf Hitler (wie Anm. 1), S. 373 f.
110 Erwein von Aretin: Krone und Ketten. Erinnerung eines bayerischen Edelmannes, hrsg. v. Karl Otmar von Aretin Karl Buchheim, München 1955, 188 und S. 429, Anm. 429.
111 Hitler: Deutschlands Zukunft und unsere Bewegung (wie Anm. 97), S. 27.
112 Flugblatt »*Adolf Hitler Verräter?*«, zit. nach: Franz-Willing: Ursprung (wie Anm. 13), S. 175.
113 Vgl. Hitler: Reden, Schriften, Aufzeichnungen (wie Anm. 65), Bd. 2.1, S. 323, Anm. 1.
114 Adolf Hitler am 28. Mai 1927, zit. nach: ebd., Bd. 2.1, S. 323.
115 Vgl. die Anordnung von Adolf Hitler am 26. Oktober 1926, in: ebd., Bd. 2.1, 81.
116 Hermann Esser: Die jüdische Weltpest. Kann ein Jude Staatsbürger sein?, München 1927. Zwölf Jahre später legte Esser eine erweiterte Neuauflage dieser Hetzschrift vor, die nun den Un-

tertitel »*Judendämmerung auf dem Erdenball*« trug (München 1939).

117 An dieser Stelle sei auf die Edition der Hitler-Reden verwiesen, in denen sehr häufig vermerkt ist, dass Hermann Esser vor Adolf Hitler gesprochen habe (Hitler: Reden, Schriften, Aufzeichnungen (wie Anm. 65)).

118 Vgl hier und im Folgenden die im Bundesarchiv aufbewahrten Schriftstücke: BArch, OPG Hermann Esser, 29.7.1900.

119 BArch, OPG Hermann Esser, 29.7.1900, 30. April 1930.

120 Büro des Reichstages (Hg.): Reichstags-Handbuch. IX. Wahlperiode 1933, Berlin 1934, S. 106 u. 164.

121 Walter Ziegler: Bayern im NS-Staat 1933-1945, in: Max Spindler (Hg.): Handbuch der bayerischen Geschichte, 4 Bde. 2. Aufl., München 1981-2007, Bd. 4, S. 500–534, hier S. 518.

122 Vgl. die Bekanntmachung vom 9. März in: Münchener Stadtmuseum (Hg.): München. Hauptstadt der Bewegung, München 1993, S. 207.

123 Jochen Klenner: Verhältnis von Partei und Staat 1933-1945. Dargestellt am Beispiel Bayerns (Miscellanea Bavarica Monacensia, Hf. 54.), München 1974, S. 72 f.

124 Vgl. Norbert Frei: Nationalsozialistische Eroberung der Provinzpresse. Gleichschaltung, Selbstanpassung und Resistenz in Bayern (Studien zur Zeitgeschichte, Bd. 17), Stuttgart 1980, S. 28.

125 Zit. nach: Ebd., S. 55.

126 Klenner: Verhältnis von Partei und Staat 1933-1945 (wie Anm. 123).

127 Frei: Nationalsozialistische Eroberung der Provinzpresse (wie Anm. 124), S. 56.

128 Klenner: Verhältnis von Partei und Staat 1933-1945 (wie Anm. 123), S. 229.

129 Vgl. BArch R 43 II / 1315, Esser an Epp, 23. Februar 1935; BArch R 43 II / 1315, Esser an Epp, 11. März 1935.

130 BArch R 43 II / 1315, Entlassungsurkunde vom 20. März 1935.

131 Lange Zeit war die historische Tourismusforschung ein »*Mauerblümchen*« (Rüdiger Hachtmann: Tourismusgeschichte – ein Mauerblümchen mit Zukunft! Ein Forschungsüberblick, 6. Okt. 2011, URL: http://hsozkult.geschichte.hu-berlin.de/forum/2011-10-001). In den letzten Jahren wurden jedoch einige hervorragende tourismusgeschichtliche Arbeiten vorgelegt. Vgl. dazu die Forschungsüberblicke von Christoph Kopper und Cord Pagenstecher: Cord Pagenstecher: Neue Ansätze für

die Tourismusgeschichte. Ein Literaturbericht, in: Archiv für Sozialgeschichte Jg. 38 (1998), S. 591–619; Christoph Kopper: Neuerscheinungen zur Geschichte des Reisens und des Tourismus, in: Archiv für Sozialgeschichte Jg. 44 (2004), S. 665–677. Gelungene Syntheseversuche legten Hasso Spode und Rüdiger Hachtmann vor: Hasso Spode: Wie die Deutschen »Reiseweltmeister« wurden. Eine Einführung in die Tourismusgeschichte, hrsg. v. Landeszentrale für politische Bildung Thüringen, Erfurt 2003; Rüdiger Hachtmann: Tourismus-Geschichte (GRUNDKURS NEUE GESCHICHTE), Göttingen 2007.

132 Hans-Joachim Knebel: Soziologische Strukturwandlungen im modernen Tourismus, Stuttgart 1960. Vgl. auch: Attilio Brilli: Als Reisen eine Kunst war. Vom Beginn des modernen Tourismus: Die »Grand Tour«, übers. v. Annette Kopetzki, Berlin 1997; Mathis Leibetseder: Die Kavalierstour. Adlige Erziehungsreisen im 17. und 18. Jahrhundert, Köln, Weimar, Wien 2004.

133 Brilli: Als Reisen eine Kunst war (wie Anm. 132), S. 22 f.; Franz Berktold-Fackler/Hans Krumbholz: Reisen in Deutschland. Eine kleine Tourismusgeschichte, München, Wien 1997, S. 18.

134 Brilli: Als Reisen eine Kunst war (wie Anm. 132), S. 71 f.u. 111 ff.

135 Knebel: Soziologische Strukturwandlungen im modernen Tourismus (wie Anm. 132), S. 13.

136 Zit. nach: Brilli: Als Reisen eine Kunst war (wie Anm. 132), S. 26.

137 Hans-Werner Prahl/Albrecht Steinecke: Der Millionen-Urlaub. Von der Bildungsreise zur totalen Freizeit, Darmstadt, Neuwied 1979.

138 Hans Magnus Enzensberger: Vergebliche Brandung der Ferne. Eine Theorie des Tourismus, in: Merkur Jg. 12 (1958), S. 701–720, hier S. 719 f., wieder abgedruckt: Ders.: Eine Theorie des Tourismus, in: ders.: Einzelheiten I, Frankfurt am Main 1962, S. 147–168. Vgl. zur Tourismustheorie Enzensbergers: Christopher Görlich: Urlaub vom Staat. Tourismus in der DDR (Zeithistorische Studien, Bd. 50), Köln, Weimar, Wien 2012, S. 17 ff.

139 Albert Tanner: Freizeitgestaltung und demonstrativer Müßigang, in: Ueli Gyr (Hg.): Soll und Haben. Alltag und Lebensformen bürgerlicher Kultur. Festgabe für Paul Hugger zum 65. Geburtstag, Zürich 1995, S. 113–129, hier S. 124.

140 Zit. nach: Heidi Rogy: Tourismus in Kärnten. Von der Bildungsreise zum Massentourismus (18. - 20. Jahrhundert) (Archiv für vaterländische Geschichte und Topographie, Bd. 87), Klagenfurt 2002, S. 11.

141 Viele Aspekte dieser Ausdifferenzung des Tourismus werden in der Literatur diskutiert. Vgl. zum Alpinismus: Rainer Armstädter: Der Alpinismus. Kultur – Organisation – Politik, Wien 1996; Dagmar Günther: Alpine Quergänge. Kulturgeschichte des bürgerlichen Alpinismus (1870-1930), Frankfurt am Main 1998; zum Seebädertourismus: Alain Corbin: Meereslust. Das Abendland und die Entstehung der Küste 1750-1840, übers. v. Grete Osterwald, Berlin 1990; auf die frühe Herausbildung eines »Bäder-Antisemitismus« hat Frank Bajohr in einer kleinen aber brillanten Studie zur Geschichte des Kururlaubs hingewiesen: Frank Bajohr: »Unser Hotel ist judenfrei«. Bäder-Antisemitismus im 19. und 20. Jahrhundert, Frankfurt am Main 2003; zum Wanderurlaub: Wolfgang Kaschuba: Die Fußreise, in: Hermann Bausinger/Klaus Beyrer/Gottfried Korff (Hgg.): Reisekultur. Von der Pilgerfahrt zum modernen Tourismus, München 1991, S. 165–173; zur Bildungsreise: Wolfgang Günter: Geschichte der Bildungsreise, in: ders. (Hg.): Handbuch für Studienreiseleiter. Pädagogischer, psychologischer und organisatorischer Leitfaden für Exkursionen und Studienreisen, Starnberg 1982, S. 7–27.

142 Peter H. Baumgarten/Monika I. Baumgarten: Baedeker. Ein Name wird Weltmarke, o. O. 1998; Prahl/Steinecke: Der Millionen-Urlaub (wie Anm. 137), S. 232 f.

143 Hermann Bausinger: Bürgerliches Massenreisen um die Jahrhundertwende, in: Gyr (Hg.): Soll und Haben (wie Anm. 139), S. 131–174.

144 Theodor Fontane: Wo waren sie diesen Sommer?, in: ders.: Der Lokus in Levkojenbeet. Kleines Brevier für Reisende und Sommerfrischler, hrsg. v. Gotthard Erler, Berlin 2002, S. 32–33, hier S. 32.

145 Wolfgang Bagger: Arbeiterkultur und Arbeitertourismus im Kaiserreich, in: Spode (Hg.): Zur Sonne, zur Freiheit! (wie Anm. 4), S. 33–46, hier S. 33.

146 Jürgen Reulecke: Vom blauen Montag zum Arbeiterurlaub. Vorgeschichte und Entstehung des Erholungsurlaubs für Arbeiter vor dem Ersten Weltkrieg, in: Archiv für Sozialgeschichte Jg. 16 (1976), S. 205–249; ders.: Die Entstehung des Erholungsurlaubs für Arbeiter in Deutschland vor dem Ersten Weltkrieg, in: Dieter Langewiesche/Klaus Schönhoven (Hgg.): Arbeiter in Deutschland. Studien zur Lebensweise der Arbeiterschaft im Zeitalter der Industrialisierung, Paderborn 1981, S. 240–268.

147 Karl Fuss: Geschichte des Reisebüros, Darmstadt 1960, S. 29.

148 Petra Krempien: Geschichte des Reisens und des Tourismus. Ein Überblick von den Anfängen bis zur Gegenwart, Limburgerhof 2000, S. 109.
149 Fuss: Geschichte des Reisebüros (wie Anm. 147), S. 32 ff.; Berktold-Fackler/Krumbholz: Reisen in Deutschland (wie Anm. 133), S. 39.
150 Fuss: Geschichte des Reisebüros (wie Anm. 147), S. 52 ff.; Hasso Spode: Zur Geschichte des Tourismus. Eine Skizze der Entwicklung der touristischen Reisen in der Moderne, Starnberg 1987, S. 17.
151 Bagger: Arbeiterkultur und Arbeitertourismus im Kaiserreich (wie Anm. 145), S. 36 f.
152 Ebd., S. 38.
153 Ebd., S. 40.
154 Hans Krumbholz: Zur Geschichte des Sozialtourismus. Die Anfänge der gewerkschaftlichen Ferieneinrichtungen, in: Spode (Hg.): Zur Sonne, zur Freiheit! (wie Anm. 4), S. 61–70, hier S. 63.
155 Reulecke: Vom blauen Montag zum Arbeiterurlaub (wie Anm. 146), S. 238.
156 Christine Keitz: Organisierte Arbeiterreisen und Tourismus in der Weimarer Republik. Eine sozialgeschichtliche Untersuchung über Voraussetzung und Praxis des Reisens in der Arbeiterschicht. Maschinenschriftliche Disseration, Berlin 1992; die Arbeit erschien stark gekürzt: ders.: Reisen als Leitbild. Die Entstehung des modernen Massentourismus in Deutschland, München 1997.
157 Erich Hobusch: Proletarische Gesellschaftsreisen mit dem Motorkabinenschiff »Baldur« um 1930, in: Spode (Hg.): Zur Sonne, zur Freiheit! (wie Anm. 4), S. 71–77, hier S. 72 f.
158 Hachtmann: Tourismus-Geschichte (wie Anm. 131), S. 29 ff.
159 Christine Keitz: Grundzüge einer Sozialgeschichte des Tourismus in der Zwischenkriegszeit, in: Peter J. Brenner (Hg.): Reisekultur in Deutschland. Von der Weimarer Republik bis zum »Dritten Reich«, Tübingen 1997, S. 49–71, hier S. 67.
160 Vgl. hierzu: Berktold-Fackler/Krumbholz: Reisen in Deutschland (wie Anm. 133), S. 81.
161 Günter Nohl: 1892-1972 Deutscher Bäderverband (DBV) (Ämter und Organisationen der Bundesrepublik Deutschland, Bd. 42), Bonn 1972, S. 22.
162 Franz F. Schwarzenstein: Von den Anfängen bis zum ersten Weltkrieg, in: Ernst Bernhauer (Hg.): 1902-1972. Deutscher Fremdenverkehrsverband (DFV) (Ämter und Organisationen der Bun-

desrepublik, Bd. 39), Bonn 1972, S. 69–80, hier S. 69 ff.Berktold-Fackler/Krumbholz: Reisen in Deutschland (wie Anm. 133), S. 70.
163 Vgl. Schwarzenstein: Von den Anfängen bis zum ersten Weltkrieg (wie Anm. 162), S. 70 f.
164 ebd., 75 f.u. 72.
165 ebd., S. 75.
166 Nohl: 1892-1972 Deutscher Bäderverband (DBV) (wie Anm. 161), S. 26 f.
167 So Maximilian Krauß in einer frühen Darstellung zur Geschichte des Tourismus aus dem Jahre 1929, zit. nach: Keitz: Reisen als Leitbild (wie Anm. 156), S. 54.
168 Schwarzenstein: Von den Anfängen bis zum ersten Weltkrieg (wie Anm. 162), S. 79.
169 Keitz: Reisen als Leitbild (wie Anm. 156), S. 64. Zunächst wurde im Oktober 1917 das Deutsche Reisebüro (DER) ins Leben gerufen. Im Kern bestand es in einem alle deutschen Ländereisenbahnen umfassendes Fahrscheinsystem mit einem weiten Netz von Verkaufsstellen. Als sich neben der Reichsbahn, den Reedereien Hapag und Norddeutscher Lloyd und zahlreichen Länderministerien auch die österreichische und die ungarische Staatsbahn beteiligten, wurde es in Mitteleuropäische Reisebüro (MER) umbenannt (Fuss: Geschichte des Reisebüros (wie Anm. 147), S. 90 ff.). Die Reichsbahnzentrale für Deutsche Verkehrswerbung (RDV) wurde vom Reichsverkehrsminister Wilhelm Groener am 20. Februar 1920 gegründet, sie sollte vor allem Fremdenverkehrswerbung betreiben (Keitz: Reisen als Leitbild (wie Anm. 156), S. 59).
170 ebd., S. 71.
171 Franz F. Schwarzenstein: Zeit zwischen den Weltkriegen, in: Bernhauer (Hg.): 1902-1972. Deutscher Fremdenverkehrsverband (DFV) (wie Anm. 162), S. 81–92, hier S. 85.
172 Keitz: Reisen als Leitbild (wie Anm. 156), S. 64 ff.
173 Auch wenn der Vorsitz des späteren Bundeskanzlers Konrad Adenauer nur Episode blieb, so war der Kölner Oberbürgermeister mit der Problematik des Fremdenverkehrs durchaus vertraut. Er verfolgte die »*Hauptidee, Köln zur führenden Metropole Westdeutschlands zu machen*«, was zwangsläufig implizierte, die Stadt am Rhein zu einem Anziehungspunkt für Touristen zu machen. Architektonische Baudenkmäler wie der Kölner Dom allein reichten Adenauer nicht aus. Er interessierte sich deshalb »*unter dem*

Gesichtspunkte der Werbung, des Geldverdienens« für das Messe- und Ausstellungswesen. Ebenso engagierte sich Adenauer auf dem Gebiet sportlicher Großveranstaltungen und der Auslandswerbung, um Gäste nach Köln zu ziehen. (Volker Frielingsdorf: Konrad Adenauers Wirtschaftspolitik als Kölner Oberbürgermeister (1917-1933), Basel 2002; Gabriele Marita Knoll: Herausbildung, Dynamik und Persistenz von Standorten und Standortgemeinschaften im Großstadttourismus der Innenstadt von Köln im 19. und 20. Jahrhundert. Eine historisch-geographische Untersuchung, Köln 1988, S. 101 ff.)

174 Schwarzenstein: Zeit zwischen den Weltkriegen (wie Anm. 171), S. 86.

175 Vgl. Der Fremdenverkehr, Nr. 1 vom 2. Mai 1936, S. 21.

176 LWL 307 / 201, »*Programm des Bundespräsidenten*«, in: Nachrichten-Dienst des Bundes Deutscher Verkehrsverbände und Bäder e.V., 3 (1933), Nr. 18 vom 27. Juni 1933, S. 1-4, hier S. 1.

177 Wolfgang Zorn: Bayerns Gewerbe, Handel und Verkehr, in: Spindler (Hg.): Handbuch der bayerischen Geschichte, 4 Bde. (wie Anm. 121), Bd. 4/2, S. 782–845, hier S. 828.

178 So Christian Weber im Kreistag von Oberbayern: Niederschrift über die öffentlichen Sitzungen des Kreistages von Oberbayern vom 12. mit 23. Juni 1930, o.O. S. 65.

179 Programm des Bundespräsidenten, 27. Juni 1933 (wie Anm. 176), hier S. 2.

180 Verhandlungen des Bayerischen Landtags. I. Tagung 1928. II. Tagung 1928/29. Stenographische Berichte Nr. 1 bis 35, Bd. 1, 14. Sitzung vom 10. Januar 1928, S. 311.

181 Vgl. hierzu: Niederschrift über die öffentlichen Sitzungen des Kreistages von Oberbayern vom 22. Mai bis 4. Juni 1929, o.O. Niederschrift über die öffentlichen Sitzungen des Kreistages von Oberbayern vom 12. mit 23. Juni 1930, o.O. (wie Anm. 178); Niederschrift über die öffentlichen Sitzungen des Kreistages von Oberbayern vom 7. mit 11. Juli 1931, o. O.

182 Niederschrift über die öffentlichen Sitzungen des Kreistages von Oberbayern vom 22. Mai bis 4. Juni 1929, o.O. (wie Anm. 181), S. 39.

183 Schwarzenstein: Zeit zwischen den Weltkriegen (wie Anm. 171), S. 81.

184 Niederschrift über die öffentlichen Sitzungen des Kreistages von Oberbayern vom 12. mit 23. Juni 1930, o.O. (wie Anm. 178), S. 66.

185 Vgl. zur Tausend-Mark-Sperre: Gustav Otruba: A[dolf] Hitler's »*Tausend-Mark-Sperre*« und ihre Folgen für Österreichs Fremdenverkehr (1933-1938) (Linzer Schriften zur Sozial- und Wirtschaftsgeschichte, Bd. 9), Linz 1983, S. 1 ff.
186 *Für das Jahr 1924:* Kabinettssitzung vom 3. April 1924, in: Günter Abramoski (Bearb.): Akten der Reichskanzlei. Weimarer Republik. Die Kabinette Marx I und II, Boppard am Rhein 1973, S. 521–526, hier S. 524 und Kabinettssitzung vom 14. Juni 1924, in: Abramoski (Bearb.): Kabinett Marx (wie Anm. 186), S. 701–709, hier S. 706. *Für das Jahr 1931:* Ministerialbesprechung vom 17. Juni 1931, in: Tilmann Koops (Bearb.): Akten der Reichskanzlei. Weimarer Republik. Die Kabinette Brüning I und II, Boppard am Rhein 1982, S. 1375–1378, hier S. 1377 und Ministerialbesprechung vom 22- August 1931, in: Koops (Bearb.): Kabinett Brüning (wie Anm. 186), S. 1607–1612, hier S. 1608.
187 Hans Luther: Politiker ohne Partei, Stuttgart 1960, S. 252.
188 BArch R 55 / 365, Niederschrift über die 4. Sitzung des Reichsausschusses für Fremdenverkehr, abgehalten mit den Leitern und Geschäftsführern der 24 Landesfremdenverkehrsverbände am 4. Juli 1936 (wie Anm. 6), S. 9.
189 Hachtmann: Tourismus-Geschichte (wie Anm. 131), S. 121.
190 Er löste in diesem Amt Eduard Hamm ab. Hamm war in der Weimarer Republik Staatssekretär in der Reichskanzlei unter Wilhelm Cuno und Wirtschaftsminister im Kabinett von Wilhelm Marx gewesen. Nach seinem Ausscheiden aus der Reichsregierung wurde er unter anderen Präsidialmitglied des Deutschen Industrie- und Handelstages – in der »*Deutschen Wirtschaftszeitung*«, die Hamm herausgab, kritisierte er die Wirtschaftspolitik der Nationalsozialisten scharf. Nach der Ernennung Adolf Hitlers zum Reichskanzler wurde Hamm in den Ruhestand versetzt. In einer Mitteilung an seine Mitglieder teilte der BDV seinen Mitgliedern lapidar mit: »*Herr Reichsminister a. D. Dr. Hamm hat sein Amt als Präsident des Bundes Deutscher Verkehrsverbände e. V. niedergelegt und den bayerischen Staatsminister, Herrn Hermann Esser, gebeten, sein Amt zu übernehmen.*«LAB A Pr. Br. Rep. 030, Tit. 148, Vereine, Nr. 693.
191 LWL 307 / 201, »*Genehmigungspflicht für Auslandsreisen bayrischer Staatsbeamten. Mehrurlaub für Bevorzugung der bayerischen Ostmark*«, in: Nachrichten-Dienst des Bundes Deutscher Verkehrsverbände und Bäder e.V., 3 (1933), Nr. 18 vom 27. Juni 1933, S. 4.

192 Programm des Bundespräsidenten, 27. Juni 1933 (wie Anm. 176), S. 3.
193 ebd., S. 2 f.
194 Nohl: 1892-1972 Deutscher Bäderverband (DBV) (wie Anm. 161), S. 34 f.
195 Schluss der Tagung des Bund Deutscher Verkehrsverbände. Telegramm an den Führer, in: Deutsches Nachrichtenbüro Jg. 1 (24. Sep. 1934), S. 2045.
196 o. Vorname Scholz: Reichsregierung und Fremdenverkehr, in: Dortmunder Zeitung, 14. Mai 1933, Hf. 223.
197 Fremdenverkehrswerbung eine nationalpolitische Aufgabe – Eine Kundgebung des Reichspropagandaministeriums, in: Wolff's Telegraphisches Büro Jg. 84 (18. Mai 1933) Hf. 1185.
198 Der Reichsminister für Volksaufklärung und Propaganda führt den deutschen Fremdenverkehr, in: Wolff's Telegraphisches Büro Jg. 84 (29. Mai 1933) Hf. 1286.
199 Carl vom Berg: Das deutsche Fremdenverkehrsrecht, Berlin 1939, S. 56.
200 Friedrich Mahlow (oft findet sich die Schreibweise Fritz Mahlo) wurde am 28. Mai 1895 in Elbersfeld geboren. Nach Kriegsteilnahme und dem Studium politischer Wissenschaften, das er mit dem Doktortitel abschloss, wirkte er als Kaufmann in Berchtesgaden, Buchhändler in San Remo und freier Journalist in München. Er trat am 1. Juli 1931 in die NSDAP ein. Im September 1932 wurde er Mitarbeiter der Presseabteilung der Reichsregierung, seit dem 1. April 1933 war er Referent im Propagandaministerium (vgl. BArch R 55 / 30276 und 30277, Personalakte Friedrich Mahlow.).
201 Vgl. BArch R 43 II / 1149, Geschäftsverteilungsplan des Reichsministeriums für Volksaufklärung und Propaganda vom 1. Oktober 1933, S. 8; BArch R 55 / 431, Veränderungen zum Geschäftsverteilungsplan des Ministerium vom 1. Oktober 1933, in: Nachrichtenblatt des Reichsministeriums für Volksaufklärung und Propaganda, Nr. 22 vom 15. November 1933, S. 140-141, hier S. 141.
202 BArch R 43 II / 1149, Geschäftsverteilungsplan des Reichsministeriums für Volksaufklärung und Propaganda vom 1. Oktober 1933 (wie Anm. 201), S. 8.
203 Vgl. Verordnung über die Aufgaben des Reichsministeriums für Volksaufklärung und Propaganda, in: RGBl. I, 30. Juni 1933, S. 449.
204 Ministerialbesprechung, anschließend Kabinettssitzung, 23. Juni

1933, in: Karl Heinz Minuth (Hg.): Akten der Reichskanzlei, Regierung Hitler 1933-1938, Boppard am Rhein 1983, Bd. I/1, S. 577–589, hier S. 589.

205 Berg: Das deutsche Fremdenverkehrsrecht (wie Anm. 199), S. 30.

206 Gesetz über den Reichsausschuss für Fremdenverkehr vom 23. Juni 1933, in: RGBl. I, 27. Juni 1933, Hf. 69.

207 Berg: Das deutsche Fremdenverkehrsrecht (wie Anm. 199), S. 45.

208 Gesetz über den Reichsausschuss für Fremdenverkehr vom 23. Juni 1933 (wie Anm. 206).

209 Berg: Das deutsche Fremdenverkehrsrecht (wie Anm. 199), S. 30 u. 32.

210 BArch R 55 / 365, Der Reichs- und Preußische Verkehrminister (gez. Habicht) an den Reichminister für Volksaufklärung und Propaganda, vom 26. Okt. 1935; BArch R 55 / 365, Mahlo[w] an den Verkehrsminister, 1.1.1936.

211 BArch R 55 / 365, Mahlow an Ott vom 6. Dezember 1933.

212 Ebd.

213 Ebd.

214 BArch R 55 / 365, Mahlo an Ott, 4. Januar 1934.

215 BArch R 55 / 365, Mahlo an Ott, 5. Juli 1934.

216 Baumgarten/Baumgarten: Baedeker (wie Anm. 142), S. 53 f.

217 Joseph Goebbels, 25. August 1935, zit. nach: TBJG, Teil 1, Bd. 3/1, S. 506.

218 Joseph Goebbels, 19. Oktober 1935, zit. nach: ebd., Teil 1, Bd. 3/1, S. 529.

219 Anordnung vom 21. Oktober 1935, in: Gerhard Hüfner: Die deutschen Bäderverbände 1892-1992, Chronik der Verbandsarbeit, Gütersloh 1992.

220 Gesetz über den Reichsfremdenverkehrsverband vom 26. März 1936, in: RGBl. I, 28. März 1936, Hf. 30, S. 271–272.

221 Der Fremdenverkehr. Reichsorgan für den deutschen Fremdenverkehr. Sonderausgabe vom 4. April 1936, S. 3.

222 Ebd., S. 5.

223 Reichsfremdenverkehrsverband: Jahrbuch für Fremdenverkehr 1938, hrsg. v. dems., Berlin 1938, S. 40 ff.; ders.: Jahrbuch für Fremdenverkehr 1939, hrsg. v. dems., Berlin 1939, S. 81 ff.

224 BArch R 55 / 363, Niederschrift über die Prüfung der Jahresrechnung 1936 des Reichsausschusses für Fremdenverkehr durch den Rechnungshof des Deutschen Reiches in der Zeit vom 23. August bis zum 4. September 1937, S. 3.

225 Verordnung über die Einführung der Gesetze zur Förderung des Fremdenverkehrs im Lande Österreich vom 15. Juni 1938, in: RGBl. I, 15. Juni 1938, Hf. 91, S. 630; Verordnung über die Einführung der Gesetze zur Förderung des Fremdenverkehrs in den sudetendeutschen Gebieten vom 17. Dezember 1938, in: RGBl. I, 20. Dez. 1938, Hf. 219, S. 1824.
226 Esser an Goebbels, 18. Februar 1938 (wie Anm. 2).
227 Joseph Goebbels, 16.12.1937: TBJG, Bd. I/5, S. 55.
228 Joseph Goebbels, 7.1.1938: ebd., Bd. I/5, S. 86.
229 Joseph Goebbels, 22.1.1938: ebd., Bd. I/5, S. 111.
230 Joseph Goebbels, 11.2.1938: ebd., Bd. I/5, S. 148.
231 Joseph Goebbels, 43.1938: ebd., Bd. I/5, S. 188.
232 Joseph Goebbels, 3.6.1938: ebd., Bd. I/5, S. 331.
233 Ralf Georg Reuth: Goebbels. Eine Biographie, 2. Aufl., München 2000, S. 403.
234 BArch, R 43 II / 1150b, Urteil im Scheidungsprozess Esser gegen Esser vom 23. Dezember 1938 (1. Instanz); BArch, R 43 II / 1150b, Urteil im Scheidungsprozess Esser gegen Esser vom 17. März 1939 (2. Instanz).
235 Joesph Goebbels, 22.1.1939: TBJG, Bd. I/6, S. 235. Essers Ernennungsurkunde wurde am 27. Januar ausgestellt: BArch, R 43 II / 1150b, Ernennungsurkunde vom 27. Januar 1939.
236 BArch R 55 / 436, Erlass über die Behandlung der Angelegenheiten des Fremdenverkehrs, in: „Nachrichtenblatt des Reichsministeriums für Volksaufklärung und Propaganda, Nr. 4, 27. Februar 1939, S. 25.
237 Presseanweisung vom 27. Januar [1939], Nr. 300, in: Hans Bohrmann (Hg.): NS-Presseanweisung der Vorkriegszeit. Edition und Dokumentation, 7Bde. München 2001, Bd. 7/I, S. 93–94.
238 So verschwinden auch die Klagen über Esser nicht aus den Tagebüchern des Propagandaministers. Vgl nur Joseph Goebbels am 17.2.1939: TBJG, Bd. I/6, S. 259; sowie am 21.6.1939: ebd. S. 387.
239 Reichsfremdenverkehrsverband: Jahrbuch für Fremdenverkehr 1938 (wie Anm. 223); ders.: Jahrbuch für Fremdenverkehr 1939 (wie Anm. 223).
240 Ders.: Jahrbuch für Fremdenverkehr 1938 (wie Anm. 223), S. 5 f.
241 Ders.: Jahrbuch für Fremdenverkehr 1939 (wie Anm. 223), S. 5 f.
242 Alfred Ringer: Die Hermann-Esser-Forschungsgemeinschaft für Fremdenverkehr in Frankfurt am Main (Schriftenreihe der Hermann-Esser-Forschungsgemeinschaft, Bd. 1), Berlin 1939, S. 8. Es

handelt sich hierbei um den maschinenschriftlich publizierten Redetext zur Gründung der Forschungsgemeinschaft.

243 Rauers: Kulturgeschichte der Gaststätte (wie Anm. 3).

244 Feldküchentage, in: Fachpresse-Dienst der Wirtschaftsgruppe Gaststätten- und Beherbergungsgewerbe, 19. Jan. 1942, Hf. 2, S. 6–8, hier S. 8.

245 Es ist maßgeblich Frank Bajohr zu verdanken, dass der Bäder-Antisemitismus im Nationalsozialismus und seine Vorläufer ins das Bewusstsein der Geschichtswissenschaft geraten sind. Vgl. Bajohr: »Unser Hotel ist judenfrei« (wie Anm. 141).

246 Victor Klemperer: Leben sammeln, nicht fragen wozu und warum. Tagebücher 1925-1932, Berlin 1996, S. 311 f.

247 Bajohr: »Unser Hotel ist judenfrei« (wie Anm. 141), S. 16 ff.

248 Zit. nach: ebd., S. 70.

249 Marion Kaplan: Jüdisches Bürgertum. Frau, Familie und Identität im Kaiserreich, Hamburg 1997, S. 177.

250 Bajohr: »Unser Hotel ist judenfrei« (wie Anm. 141), S. 21 ff.

251 Ebd., S. 35.

252 Diese Listen sind abgedruckt bei Bajohr: ebd., S. 180 ff.

253 Zit. nach: ebd., S. 178.

254 Vgl. Wolf Gruner: Öffentliche Wohlfahrt und Judenverfolgung. Wechselwirkung lokaler und zentraler Politik im NS-Staat (1933-1942), München 2002.

255 Vgl. die Zusammenstellung einzelner Maßnahmen bei: Joseph Walk: Das Sonderrecht für Juden im NS-Staat. Eine Sammlung der gesetzlichen Maßnahmen und Richtlinien. Inhalt und Bedeutung (Motive, Texte, Materialien, Bd. 14), Karlsruhe 1981.

256 Dok. I 255 in: Ebd., S. 48.

257 Dok. I 418 in: Ebd., S. 85.

258 BLHA, Rep. 6 B Beeskow-Storkow, Nr. 833, Der Bürgermeister Bad Saarow, Janßen, an den Reichsausschuss für Fremdenverkehr, 2. August 1937.

259 Bajohr: »Unser Hotel ist judenfrei« (wie Anm. 141), S. 116.

260 BLHA, Rep. 6 B Beeskow-Storkow, Nr. 833, Stellvertreter des Führers, Rundschreiben Nr. 18/36, 29. Januar 1936.

261 BLHA, Rep. 6 B Beeskow-Storkow, Nr. 833, Der Bürgermeister von Bad Saarow, Janßen, an den Landrat in Beeskow, Keßler, vom 17. August 1937.

262 BArch R55 / 365, Reichsausschuss für Fremdenverkehr an Dr. Ott vom 13. März 1937.

263 BArch R55 / 365, Der Präsident des Reichsausschusses für Fremdenverkehr an Dr. Ott vom 15. März 1937.
264 BLHA, Rep. 6 B Beeskow-Storkow, Nr. 833, Reichsausschuss für Fremdenverkehr, Bekanntmachung, 15. März 1937.
265 BLHA, Rep. 6 B Beeskow-Storkow, Nr. 833, Geheime Staatspolizei, Staatspolizeistelle Potsdam, Graf von Wedel, 7. Juli 1937.
266 Janßen an Keßler, 17. August 1937 (wie Anm. 261).
267 Janßen an RAF, 2. August 1937 (wie Anm. 258).
268 Bajohr: »*Unser Hotel ist judenfrei*« (wie Anm. 141), S. 131.
269 BLHA, Rep. 6 B Beeskow-Storkow Nr. 833, »*Jüdische Kurgäste in Bädern und Kurorten*«, [Runderlass] I B 3.1043 X/5012e Reichs und Preußischer Minister des Inneren vom 24. Juli 1937.
270 Anweisung Nr. 7: Jüdische Kurgäste, in: Reichsfremdenverkehrsverband: Jahrbuch für Fremdenverkehr 1938 (wie Anm. 223), S. 38–39.
271 Runderlass vom 24. Juli 1937 (wie Anm. 269).
272 BLHA, Rep. 6 B Beeskow-Storkow Nr. 833, Entwurf, Ortssatzung über die Behandlung von Juden in Bad Saarow [1937].
273 BLHA, Rep. 6 B Beeskow-Storkow, Nr. 833, „Kurtaxverordnung der Stadt Kolberg", Reichs und Preußischer Minister des Inneren vom 9. August 1937.
274 BLHA, Rep. 6 B Beeskow-Storkow, Nr. 833, Der Präsident des Reichsausschusses für Fremdenverkehr, 4. Januar 1938.
275 BLHA, Rep. 6 B Beeskow-Storkow, Nr. 833, Der Bürgermeister, Janßen, an den Herrn Landrat, 16. Juli 1938.
276 BLHA, Rep. 6 B Beeskow-Storkow, Nr. 833, Der Bürgermeister, Janßen, an den Herrn Landrat, 14. März 1939.
277 BLHA, Rep. 6 B Beeskow-Storkow, Nr. 833, Der Bürgermeister, Janßen, an den Herrn Landrat, 5. Juni 1939.
278 BLHA, Rep. 6 B Beeskow-Storkow, Nr. 833, Der Bürgermeister, Janßen, an den Herrn Landrat, 22. August 1939.
279 BLHA, Rep. 6 B Beeskow-Storkow, Nr. 833, »*Juden in Bädern und Kurorten*«, Runderlass des Reichsministeriums des Inneren, vom 16.6.1939.
280 Zit. nach: STAMS, Regierung Arnsberg Nr. 22564, Rundschreiben des Landesverkehrsverbandes Westfalen A 41/39 vom 30.10.1939, S. 1.
281 BLHA, Rep. 55 XI, Nr. 900, Rundschreiben Landesfremdenverkehrsverband Mark Brandenburg, Nr. 45/1939, 21.10.1939, S. 1.
282 Rundschreiben des Landesverkehrsverbandes Westfalen vom

30.10.1939 (wie Anm. 280), S. 1.
283 BLHA Rep. 3 B IV, Regierung Frankfurt/Oder, Nr. 3, Bormann an Frick vom 4.3.1940.
284 BLHA Rep. 3 B IV, Regierung Frankfurt/Oder, Nr. 3, Esser an den Oberpräsidenten vom 18.3.1940, S. 3.
285 Michael Krause: Flucht vor dem Bombenkrieg. »*Umquartierung*« im Zweiten Weltkrieg und die Wiedereingliederung der Evakuierten in Deutschland 1943-1963 (Beiträge zur Geschichte des Parlamentarismus und der politischen Parteien, Bd. 109), Düsseldorf 1997, S. 38.
286 BLHA Rep. 55 XI, Nr. 901, Rundschreiben Landesverkehrsverband Brandenburg 85/40 vom 7.4.1941, S. 3.
287 STAMS, Regierung Arnsberg, Nr. 22565, Landesfremdenverkehrsverband Westfalen, Rundschreiben A 42/39 vom 15. Dezember 1939.
288 LWL 307 / 221, Hauptgeschäftsstelle des Sauerländischen Gebirgs-Vereins, Rundschreiben 202, 8. Mai 1940.
289 Landesfremdenverkehrsverband Westfalen, Rundschreiben vom 15. Dezember 1939 (wie Anm. 287).
290 Krause: Flucht vor dem Bombenkrieg (wie Anm. 285), S. 42 ff. Vgl. auch: Hans-Walter Hermann: Die Freimachung der Roten Zone 1939/ 1940. Ablauf und Quellenlage, in: Zeitschrift für die Geschichte der Saargegend Jg. 32 (1984), S. 64–89; Hans Heß: Westwall, Räumung und Wiederbesiedlung in den Grenzgemeinden des ehemaligen Landkreises Bergzabern, in: Zeitschrift für die Geschichte der Saargegend Jg. 32 (1984), S. 90–106.
291 STAMS, Regierung Arnsberg Nr. 22565, Landesfremdenverkehrsverband Westfalen, Rundschreiben A 1/41 vom 24. April 1941.
292 BLHA Rep. 55 XI, Nr. 901, Rundschreiben des Landesfremdenverkehrsverband Mark Brandenburg 115/42 vom 2.7.1942, S. 2.
293 ebd., S. 2.
294 STAMS, Regierung Arnsberg, Rundschreiben des Landesfremdenverkehrsverband Westfalen A 10/1949 vom 19. Juni 1940.
295 BArch R 58 / 162, »*Versorgungsschwierigkeiten in den Bädern und Sommerfrischen infolge des ungewöhnlich starken Besuches durch Sommergäste und die Unterbringung evakuierter Volksgenossen*«, in: Meldungen aus dem Reich, Nr. 207 vom 31. Juli 1941, S. 19-20.
296 Vgl. den Überblick zur Situation der Eisenbahn im Krieg: Christopher Kopper: Handel und Verkehr im 20. Jahrhundert (Enzyklo-

pädie Deutscher Geschichte, Bd. 63), München 2002, S. 25.
297 BArch 58 / 172, »*Trotz aller Hinweise durch Presse und Rundfunk war der Pfingstreiseverkehr außerordentlich stark, durchschnittlich sogar noch stärker als der Osterverkehr*«, in: Meldungen aus dem Reich, Nr. 289 vom 4. Juni 1942, S. 18-22.
298 BArch 58 / 176, »*Keine Besserung im Reiseverkehr*«, in: Meldungen aus dem Reich, Nr. 330 vom 29. Oktober 1942, S. 28-31, S. 31.
299 BArch R 55 / 171, »*Missstimmung in der Bevölkerung infolge des teilweise völlig hemmungslosen Auftretens gewisser Teile des Publikums der Wintersportplätze im Vorarlberg und Tirol*«, Meldungen aus dem Reich, Nr. 273 vom 2. April 1942, S. 34-35, S. 34.
300 Joseph Goebbels, 6.7.1941, zit. nach: TBJG, Teil 1, Bd. 9, S. 428.
301 Joseph Goebbels, 7.7.1941, zit. nach: ebd., Teil 1, Bd. 9, S. 430.
302 LWL 307 / 220, Landesfremdenverkehrsverband Westfalen an den Reichsfremdenverkehrsverband, Bericht über Erfahrungen und Beobachtungen in der Fremdenverkehrslenkung im Sommer 1942, September 1942.
303 LWL 307 / 221, Sauerländischer Gebirgsverein an den Oberpräsidenten der Provinz Westfalen, 16. März 1943.
304 Zit. nach: BLHA, Rep. 55 XI, Nr. 900, Rundschreiben des Landesverkehrsverbandes Mark Brandenburg Nr. 48/1940 vom 15.1.1940.
305 ebd.
306 BLHA Rep. 55 XI, Nr. 900, Rundschreiben des Landesverkehrsverbandes Mark Brandenburg Nr. 49/1940, vom 15.1.1940.
307 BLHA, Rep. 55 XI, Nr. 901, Rundschreiben des Landesverkehrsverbandes Mark Brandenburg 53/1940 vom 13.3.1940.
308 Wolfgang Müller (Hg.): Verkehr und Transport in Ostwestfalen-Lippe im Wandel der Zeit. Katalog zur Ausstellung des Nordrhein-Westfälischen Staatsarchivs, Detmold 1987.
309 Zit. nach: BLHA, Rep. 55 XI, Nr. 900, Rundschreiben des Landesverkehrsverbandes Mark Brandenburg Nr. 48/1940 vom 15.1.1940 (wie Anm. 304).
310 Zit. nach: BLHA 55 XI, Nr. 901, Rundschreiben des Landesverkehrsverbandes Mark Brandenburg 55/40 vom 24.4.1940, S. 4.
311 BArch, R 58 / 171, »*Osterverkehr auf der Reichsbahn*«, in: Meldungen aus dem Reich, Nr. 275 vom 13. April 1942, S. 19-20, S. 19.
312 BArch 58 / 176, »*Keine Besserung im Reiseverkehr*«, in: Meldungen aus dem Reich, Nr. 330 vom 29. Oktober 1942, S. 28-31 (wie Anm. 298), S. 30.
313 BLHA 55 XI, Nr. 901, Rundschreiben des Landesverkehrsverban-

des Mark Brandenburg 55/40 vom 24.4.1940 (wie Anm. 310), S. 4.
314 Gooebbels, 27. März 1942, zit. nach: TBJG, II/3, S. 562.
315 BLHA Rep. 3 B IV Regierung Frankfurt / Oder, Der Reichsführer SS und Chef der Deutschen Polizei, 20. Dezember 1941 (Polizeiverordnung).
316 §7 Anordnung des Staatssekretär für Fremdenverkehr zur Lenkung des Fremdenverkehrs vom 9. Januar 1943, in: Verordnungen, Anordnungen und Richtlinien zur Lenkung des Fremdenverkehrs, Berlin 1943, S. 3–6.
317 §5 ebd.
318 Richtlinien des Reichsfremdenverkehrsverbandes, in: Verordnungen, Anordnungen und Richtlinien zur Lenkung des Fremdenverkehrs (wie Anm. 316), S. 6–15, hier S. 13.
319 Präambel Anordnung vom 9. Januar 1943 (wie Anm. 316).
320 §1 ebd.
321 §2 ebd.
322 LWL 307 / 220, Landesfremdenverkehrsverband Westfalen an den Reichsfremdenverkehrsverband, Bericht über Erfahrungen und Beobachtungen in der Fremdenverkehrslenkung im Sommer 1942, September 1942 (wie Anm. 302), S. 4 f.
323 Ebd., S. 6.
324 Ebd., S. 9.
325 Joseph Goebbels, 3.2.1940, zit. nach: TBJG, Teil 1, Bd. 7, S. 294.
326 Joseph Goebbels, 17.10.1940, zit. nach: ebd., Teil 1, Bd. 8, S. 381.
327 Joseph Goebbels, 20.8.1942, zit. nach: ebd., Teil 2, Bd. 5, S. 364.
328 Joseph Goebbels, 28.8.1942, zit. nach: ebd., Teil 2, Bd. 5, S. 412.
329 Joseph Goebbels, 22.9.1942, zit. nach: ebd., Teil 2, Bd. 5, S. 552.
330 Joseph Goebbels, 4.10.1942, zit. nach: ebd., Teil 2, Bd. 6, S. 67.
331 Joseph Goebbels, 13.2.1945, zit. nach: ebd., Teil 2, Bd. 15, S. 378.
332 Joseph Goebbels, 13.4.1940, zit. nach: ebd., Teil 1, Bd. 8, S. 51; sowie vom 1. Februar 1941, zit. nach: ebd., Teil 1, Bd. 9, S. 121.
333 Joseph Goebbels, 18.9.1942, zit. nach: ebd., Teil 2, Bd. 5, S. 524.
334 Reuth: Goebbels (wie Anm. 233), S. 512 ff.
335 Joseph Goebbels, 24.1.1943, zit. nach: TBJG, Teil 2, Bd. 7, S. 187 f.
336 Joseph Goebbels, 17.10.1940 und 22. Oktober, zit. nach: ebd., Teil 1, Bd. 8, S. 381 und 386.
337 Goebbels, 22.9.1943, zit. nach: ebd., II/9, S. 555.
338 Goebbels, 21.3.1943, zit. nach: ebd., II/7, S. 600.
339 Goebbels, 22.9.1943, zit. nach: ebd., II/9, S. 555.

340 Goebbels, 10.11.1942, zit. nach: ebd., II/6, S. 268.
341 Max Domarus (Hg.): Hitler. Reden und Proklamationen 1932 bis 1945. Kommentiert von einem deutschen Zeitgenossen, 2 Bde. Wiesbaden 1973, S. 1990 f.
342 Ebd., S. 1990 f.
343 Joseph Goebbels, 19.10.1935, zit: nach: TBJG, Teil 1, Bd. 2, S. 529.
344 Joseph Goebbels, 6.7.1941, zit. nach: ebd., Teil 1, Bd. 9, S. 428.
345 Ich rieche Nazis, in: Der Spiegel Jg. 3 (15. Sep. 1949) Hf. 38, S. 14–15.
346 Gestorben: Hermann Esser, in: Der Spiegel Jg. 38 (16. Feb. 1981) Hf. 8, S. 236.

Abkürzungen

ADB Allgemeine Deutscher Bäderverband

BDV Bund Deutscher Verkehrs-Vereine; seit 1930 Bund Deutscher Verkehrsverbände; seit 1933 Bund Deutscher Verkehrsverbände und Bäder

DAP Deutsche Arbeiterpartei

DER Deutsche Reisebüro

DSP Deutschsozialistische Partei

GVG Großdeutsche Volksgemeinschaft

Hapag Hamburg-Amerikanische Packetfahrt-Actien-Gesellschaft (Reederei)

KdF Kraft durch Freude

MER Mitteleuropäische Reisebüro

NS Nationalsozialismus

NSDAP Nationalsozialistische Deutsche Arbeiterpartei

RAF Reichsausschuss für Fremdenverkehr

RDV Reichsbahnzentrale für Deutsche Verkehrswerbung

RFV Reichsfremdenverkehrsverband

SS »*Schutzstaffel*« der NSDAP

TVDN Touristenverein »*Die Naturfreunde*«

USPD Unabhängige Sozialdemokratische Partei Deutschlands

Archive

BArch Bundesarchiv, Berlin

BLHA Brandenburgisches Landeshauptarchiv, Potsdam

LAB Landesarchiv Berlin

LWL Archiv Landschaftsverband Westfalen-Lippe, Münster

STAMS Staatsarchiv Münster (Landesarchiv NRW Abteilung Westfalen)

Literaturverzeichnis

Abramoski, Günter (Bearb.): Akten der Reichskanzlei. Weimarer Republik. Die Kabinette Marx I und II, Boppard am Rhein 1973.

Aretin, Erwein von: Krone und Ketten. Erinnerung eines bayerischen Edelmannes, hrsg. v. Karl Otmar von Aretin Karl Buchheim, München 1955.

Armstädter, Rainer: Der Alpinismus. Kultur – Organisation – Politik, Wien 1996.

Bagger, Wolfgang: Arbeiterkultur und Arbeitertourismus im Kaiserreich, in: Spode (Hg.): Zur Sonne, zur Freiheit!, S. 33–46.

Bajohr, Frank: »*Unser Hotel ist judenfrei*«. Bäder-Antisemitismus im 19. und 20. Jahrhundert, Frankfurt am Main 2003.

Baumgarten, Peter H. und Monika I. Baumgarten: Baedeker. Ein Name wird Weltmarke, o. O. 1998.

Bausinger, Hermann: Bürgerliches Massenreisen um die Jahrhundertwende, in: Gyr (Hg.): Soll und Haben, S. 131–174.

Bausinger, Hermann, Klaus Beyrer und Gottfried Korff (Hgg.): Reisekultur. Von der Pilgerfahrt zum modernen Tourismus, München 1991.

Berg, Carl vom: Das deutsche Fremdenverkehrsrecht, Berlin 1939.

Berktold-Fackler, Franz und Hans Krumbholz: Reisen in Deutschland. Eine kleine Tourismusgeschichte, München, Wien 1997.

Bernhauer, Ernst (Hg.): 1902-1972. Deutscher Fremdenverkehrsverband (DFV) (Ämter und Organisationen der Bundesrepublik, Bd. 39), Bonn 1972.

Bohrmann, Hans (Hg.): NS-Presseanweisung der Vorkriegszeit. Edition und Dokumentation, 7Bde. München 2001.

Bracher, Karl Dietrich: Die deutsche Diktatur. Entstehung, Struktur, Folgen des Nationalsozialismus, 7. Aufl., Köln 1993.

Brenner, Peter J. (Hg.): Reisekultur in Deutschland. Von der Weimarer Republik bis zum »*Dritten Reich*«, Tübingen 1997.

Brilli, Attilio: Als Reisen eine Kunst war. Vom Beginn des modernen Tourismus: Die »*Grand Tour*«, übers. v. Annette Kopetzki, Berlin 1997.

Broszat, Martin: Der Staat Hitlers. Grundlegung und Entwicklung seiner inneren Verfassung, München 1969.

Buchholz, Wolfhard: Die nationalsozialistische Gemeinschaft »Kraft durch Freude«. Freizeitgestaltung und Arbeiterschaft im Dritten Reich, München 1976.

Bullock, Alan: Hitler. Eine Studie über Tyrannei, Kronberg (Taunus) 1977.

Corbin, Alain: Meereslust. Das Abendland und die Entstehung der Küste 1750-1840, übers. v. Grete Osterwald, Berlin 1990.

Daniel, Ute: Kompendium Kulturgeschichte. Theorie, Praxis, Schlüsselwörter, 3. Aufl., Frankfurt am Main 2002.

Der Fremdenverkehr. Reichsorgan für den deutschen Fremdenverkehr. Sonderausgabe vom 4. April 1936.

Der Reichsminister für Volksaufklärung und Propaganda führt den deutschen Fremdenverkehr, in: Wolff's Telegraphisches Büro Jg. 84 (29. Mai 1933) Hf. 1286.

Deuerlein, Ernst (Hg.): Der Hitler-Putsch. Bayerische Dokumente zum 8./9. November 1923 (Quellen und Darstellungen zur Zeitgeschichte, Bd. 9), Stuttgart 1962.

Deuerlein, Ernst: Hitler Eintritt in die Politik und die Reichswehr, in: Vierteljahshefte für Zeitgeschichte Jg. 7 (1959), S. 177–227.

Domarus, Max (Hg.): Hitler. Reden und Proklamationen 1932 bis 1945. Kommentiert von einem deutschen Zeitgenossen, 2 Bde. Wiesbaden 1973.

Döring, Martin: Parlamentarischer Arm der Bewegung. Die Nationalsozialisten im Reichstag der Weimarer Republik (Beiträge zur Geschichte des Parlamentarismus und der politischen Parteien, Bd. 130), Düsseldorf 2001.

Dotterweich, Volker u. a. (Hgg.): Geschichte der Stadt Kempten, Kempten 1989.

Enzensberger, Hans Magnus: Eine Theorie des Tourismus, in: Einzelheiten I, S. 147–168.

Enzensberger, Hans Magnus: Einzelheiten I, Frankfurt am Main 1962.

Enzensberger, Hans Magnus: Vergebliche Brandung der Ferne. Eine Theorie des Tourismus, in: Merkur Jg. 12 (1958), S. 701–720.

Esser, Hermann: Die jüdische Weltpest. Kann ein Jude Staatsbürger sein?, München 1927.

Feder, Gottfried: Brief an Hitler, 10. August 1923, in: Krisenjahr, S. 145–146.

Feldküchentage, in: Fachpresse-Dienst der Wirtschaftsgruppe Gaststätten- und Beherbergungsgewerbe, 19. Jan. 1942, Hf. 2, S. 6–8.

Fest, Joachim C.: Hitler. Eine Biographie, Frankfurt am Main, Berlin, Wien 1976.

Fontane, Theodor: Der Lokus in Levkojenbeet. Kleines Brevier für Reisende und Sommerfrischler, hrsg. v. Gotthard Erler, Berlin 2002.

Fontane, Theodor: Wo waren sie diesen Sommer?, in: Erler: Der Lokus in Levkojenbeet, S. 32–33.

Franz-Willing, Georg: Krisenjahr der Hitlerbewegung 1923, Preußisch Oldendorf 1975.

Franz-Willing, Georg: Ursprung der Hitlerbewegung 1919-1922, 2. Aufl., Preußisch Oldendorf 1974.

Frei, Norbert: Nationalsozialistische Eroberung der Provinzpresse. Gleichschaltung, Selbstanpassung und Resistenz in Bayern (Studien zur Zeitgeschichte, Bd. 17), Stuttgart 1980.

Fremdenverkehrswerbung eine nationalpolitische Aufgabe – Eine Kundgebung der Reichspropagandaministeriums, in: Wolff's Telegraphisches Büro Jg. 84 (18. Mai 1933) Hf. 1185.

Frielingsdorf, Volker: Konrad Adenauers Wirtschaftspolitik als Kölner Oberbürgermeister (1917-1933), Basel 2002.

Fromann, Bruno: Reisen im Dienste politischer Zielsetzungen. Arbeiter-Reisen und »*Kraft-durch-Freude*«Fahrten, Stuttgart 1992.

Fuss, Karl: Geschichte des Reisebüros, Darmstadt 1960.

Gesetz über den Reichsausschuss für Fremdenverkehr vom 23. Juni 1933, in: RGBl. I, 27. Juni 1933, Hf. 69.

Gesetz über den Reichsfremdenverkehrsverband vom 26. März 1936, in: RGBl. I, 28. März 1936, Hf. 30, S. 271–272.

Gestorben: Hermann Esser, in: Der Spiegel Jg. 38 (16. Feb. 1981) Hf. 8, S. 236.

Fröhlich, Elke (Hg.): Die Tagebücher des Joseph [Paul] Goebbels. Sämtliche Fragmente. Teil 1: Aufzeichnungen, Bd. 1-9, München 1987-2000. Teil 2: Diktate, Bd. 1-15, München 1993-1996. München.

Gordon, Harold J.: Hitlerputsch 1923. Machtkampf in Bayern 1923-1924, Frankfurt am Main 1971.

Görlich, Christopher: Urlaub vom Staat. Tourismus in der DDR (Zeithistorische Studien, Bd. 50), Köln, Weimar, Wien 2012.

Gruchmann, Lothar und Reinhard Weber (Hgg.): Der Hitler-Prozess 1924. Wortlaut der Hauptverhandlung vor dem Volksgericht München I. 4 Bde. München 1997 1997-1999.

Gründel, Günther: Die Sendung der jungen Generation. Versuch einer umfassenden revolutionären Sinndeutung der Krise, München 1932.

Gruner, Wolf: Öffentliche Wohlfahrt und Judenverfolgung. Wechselwirkung lokaler und zentraler Politik im NS-Staat (1933-1942), München 2002.

Günter, Wolfgang: Geschichte der Bildungsreise, in: Günter (Hg.): Handbuch für Studienreiseleiter, S. 7–27.

Günter, Wolfgang (Hg.): Handbuch für Studienreiseleiter. Pädagogischer, psychologischer und organisatorischer Leitfaden für Exkursionen und Studienreisen, Starnberg 1982.

Günther, Dagmar: Alpine Quergänge. Kulturgeschichte des bürgerlichen Alpinismus (1870-1930), Frankfurt am Main 1998.

Gyr, Ueli (Hg.): Soll und Haben. Alltag und Lebensformen bürgerlicher Kultur. Festgabe für Paul Hugger zum 65. Geburtstag, Zürich 1995.

Hachtmann, Rüdiger: Tourismus-Geschichte (GRUNDKURS NEUE GESCHICHTE), Göttingen 2007.

Hachtmann, Rüdiger: Tourismusgeschichte – ein Mauerblümchen mit Zukunft! Ein Forschungsüberblick, 6. Okt. 2011, URL: http://hsozkult.geschichte.hu-berlin.de/forum/ 2011-10-001.

Hanfstaengl, Ernst: Zwischen Weißem und Braunem Haus. Memoiren eines politischen Außenseiters, München 1970.

Heiden, Konrad: Adolf Hitler. Das Zeitalter der Verantwortungslosigkeit. Eine Biographie, Bd. 1, Zürich 1936.

Herbert, Ulrich: Best. Biographische Studien über Radikalismus, Weltanschauung und Vernunft 1903-1989, Bonn 1996.

Herbst, Ludolf: Hitlers Charisma. Die Erfindung eines deutschen Messias, Frankfurt am Main 2010.

Hermann Esser Staatssekretär, in: Deutsches Nachrichtenbüro, 27. Jan. 1939.

Hermann, Hans-Walter: Die Freimachung der Roten Zone 1939/1940. Ablauf und Quellenlage, in: Zeitschrift für die Geschichte der Saargegend Jg. 32 (1984), S. 64–89.

Heß, Hans: Westwall, Räumung und Wiederbesiedlung in den Grenzgemeinden des ehemaligen Landkreises Bergzabern, in: Zeitschrift für die Geschichte der Saargegend Jg. 32 (1984), S. 90–106.

Hitler, Adolf: Brief an Julius Schleicher, 8. November 1923, in: Jäckel und Kuhn: Hitler, S. 1058.

Hitler, Adolf: Deutschlands Zukunft und unsere Bewegung. Rede auf der NSDAP-Versammlung in München, 27. Februar 1925, in: Zeitgeschichte: Reden, Schriften, Aufzeichnungen, Bd. 1, S. 14–28.

Hitler, Adolf: Meine Antwort. Erklärung, in: Jäckel und Kuhn: Hitler, S. 600–607.

Hitler, Adolf: Offener Brief an Graefe, 17. März 1926, in: Zeitgeschichte: Reden, Schriften, Aufzeichnungen, Bd. 1, S. 340–351.

Hitler, Adolf: Rede auf einer Parteiversammlung, 29. Juli 1921, in: Jäckel und Kuhn: Hitler, S. 447–449.

Hitler, Adolf: Reden, Schriften, Aufzeichnungen. Februar 1925 bis Januar 1933. 6 Bde. Hrsg. v. Institut für Zeitgeschichte, München, London, New York 1992-2003.

Hobusch, Erich: Proletarische Gesellschaftsreisen mit dem Motorkabinenschiff »*Baldur*« um 1930, in: Spode (Hg.): Zur Sonne, zur Freiheit!, S. 71–77.

Horn, Wolfgang: Führerideologie und Parteiorganisation in der NSDAP 1919-1933 (Geschichtliche Studien zur Politik und Gesellschaft, Bd. 3), Düsseldorf 1972.

Huck, Gerhard (Hg.): Sozialgeschichte der Freizeit. Untersuchungen zum Wandel der Alltagskultur in Deutschland, Wuppertal 1980.

Hüfner, Gerhard: Die deutschen Bäderverbände 1892-1992, Chronik der Verbandsarbeit, Gütersloh 1992.

Ich rieche Nazis, in: Der Spiegel Jg. 3 (15. Sep. 1949) Hf. 38, S. 14–15.

Jäckel, Eberhard und Axel Kuhn (Hgg.): Hitler. Sämtliche Aufzeichnungen 1905-1924 (Quellen und Darstellungen zur Zeitgeschichte, Bd. 21), Stuttgart 1980.

Joachimsthaler, Anton: Hitlers Weg begann in München 1913-1923. Mit einem Geleitwort von Ian Kershaw, München 2000.

Jochmann, Werner (Hg.): Nationalsozialismus und Revolution. Ursprung und Geschichte der NSDAP in Hamburg 1922-1933. Dokumente (Veröffentlichung der Forschungsstelle für die Geschichte des Nationalsozialismus in Hamburg, Bd. III), Frankfurt am Main 1963.

Jureit, Ulrike: Generation, Generationalität, Generationenforschung, Version: 1.0, in: Docupedia-Zeitgeschichte, 11. Feb. 2010, URL: http://docupedia.de/zg/Generation?oldid=97400.

Kaplan, Marion: Jüdisches Bürgertum. Frau, Familie und Identität im Kaiserreich, Hamburg 1997.

Kaschuba, Wolfgang: Die Fußreise, in: Bausinger, Beyrer und Korff (Hgg.): Reisekultur, S. 165–173.

Keitz, Christine: Grundzüge einer Sozialgeschichte des Tourismus in der Zwischenkriegszeit, in: Brenner (Hg.): Reisekultur in Deutschland, S. 49–71.

Keitz, Christine: Organisierte Arbeiterreisen und Tourismus in der Weimarer Republik. Eine sozialgeschichtliche Untersuchung über Voraussetzung und Praxis des Reisens in der Arbeiterschicht. Maschinenschriftliche Disseration, Berlin 1992.

Keitz, Christine: Reisen als Leitbild. Die Entstehung des modernen Massentourismus in Deutschland, München 1997.

Kershaw, Ian: Der Hitler-Mythos. Führerkult und Volksmeinung, München 1999.

Kershaw, Ian: Hitler 1889-1936, übers. v. Jörg W. Rademacher Jürgen Peter Krause, Stuttgart 1998.

Klemperer, Victor: Leben sammeln, nicht fragen wozu und warum. Tagebücher 1925-1932, Berlin 1996.

Klenner, Jochen: Verhältnis von Partei und Staat 1933-1945. Dargestellt am Beispiel Bayerns (Miscellanea Bavarica Monacensia, Hf. 54.), München 1974.

Knebel, Hans-Joachim: Soziologische Strukturwandlungen im modernen Tourismus, Stuttgart 1960.

Knoll, Gabriele Marita: Herausbildung, Dynamik und Persistenz von Standorten und Standortgemeinschaften im Großstadttourismus der Innenstadt von Köln im 19. und 20. Jahrhundert. Eine historisch-geographische Untersuchung, Köln 1988.

Koops, Tilmann (Bearb.): Akten der Reichskanzlei. Weimarer Republik. Die Kabinette Brüning I und II, Boppard am Rhein 1982.

Kopper, Christoph: Neuerscheinungen zur Geschichte des Reisens und des Tourismus, in: Archiv für Sozialgeschichte Jg. 44 (2004), S. 665–677.

Kopper, Christopher: Handel und Verkehr im 20. Jahrhundert (Enzyklopädie Deutscher Geschichte, Bd. 63), München 2002.

Korzetz, Ingo: Die Freikorps in der Weimarer Republik. Freiheitskämpfer oder Landsknechtshaufen? Aufstellung, Einsatz und Wesen bayerischer Freikorps 1918–1920, Marburg 2009.

Krause, Michael: Flucht vor dem Bombenkrieg. »*Umquartierung*« im Zweiten Weltkrieg und die Wiedereingliederung der Evakuierten in Deutschland 1943-1963 (Beiträge zur Geschichte des Parlamentarismus und der politischen Parteien, Bd. 109), Düsseldorf 1997.

Krempien, Petra: Geschichte des Reisens und des Tourismus. Ein Überblick von den Anfängen bis zur Gegenwart, Limburgerhof 2000.

Krumbholz, Hans: Zur Geschichte des Sozialtourismus. Die Anfänge der gewerkschaftlichen Ferieneinrichtungen, in: Spode (Hg.): Zur Sonne, zur Freiheit!, S. 61–70.

Langewiesche, Dieter und Klaus Schönhoven (Hgg.): Arbeiter in Deutschland. Studien zur Lebensweise der Arbeiterschaft im Zeitalter der Industrialisierung, Paderborn 1981.

Large, David Clay: Hitlers München. Aufstieg und Fall der Hauptstadt der Bewegung, München 2001.

Leibetseder, Mathis: Die Kavalierstour. Adlige Erziehungsreisen im 17. und 18. Jahrhundert, Köln, Weimar, Wien 2004.

Lilla, Joachim: Esser, Hermann, in: ders. (Hg.): Staatsminister, leitende Verwaltungsbeamte und (NS-)Funktionsträger in Bayern 1918–1945, 9. Dez. 2014, URL: http://verwaltung shandbuch.bayerische-landesbibliothek-online.de (besucht am 25.02.2015).

Lüdecke, Kurt Georg W.: I Knew Hitler. The Story of a Nazi Who Escaped The Blood Purge, New York 1937.

Luther, Hans: Politiker ohne Partei, Stuttgart 1960.

Maser, Werner: Der Sturm auf die Republik. Frühgeschichte der NSDAP, Frankfurt am Main, Berlin, Wien 1981.

Minuth, Karl Heinz (Hg.): Akten der Reichskanzlei, Regierung Hitler 1933-1938, Boppard am Rhein 1983.

Mommsen, Wolfgang J.: Die Urkatastrophe Deutschlands. Der Erste Weltkrieg 1914–1918 (Gebhardt. Handbuch der deutschen Geschichte, Bd. 17), Stuttgart 2002.

Müller, Herbert: Kempten während der Weimarer Republik, in: Dotterweich u. a. (Hgg.): Geschichte der Stadt Kempten, S. 407–435.

Müller, Wolfgang (Hg.): Verkehr und Transport in Ostwestfalen-Lippe im Wandel der Zeit. Katalog zur Ausstellung des Nordrhein-Westfälischen Staatsarchivs, Detmold 1987.

Niederschrift über die öffentlichen Sitzungen des Kreistages von Oberbayern vom 12. mit 23. Juni 1930, o.O.

Niederschrift über die öffentlichen Sitzungen des Kreistages von Oberbayern vom 22. Mai bis 4. Juni 1929, o.O.

Niederschrift über die öffentlichen Sitzungen des Kreistages von Oberbayern vom 7. mit 11. Juli 1931, o. O.

Nohl, Günter: 1892-1972 Deutscher Bäderverband (DBV) (Ämter und Organisationen der Bundesrepublik Deutschland, Bd. 42), Bonn 1972.

Orlow, Dietrich: The History of the Nazi Party 1919-1933, Pittsburgh 1969.

Otruba, Gustav: A[dolf] Hitler's »*Tausend-Mark-Sperre*« und ihre Folgen für Österreichs Fremdenverkehr (1933-1938) (Linzer Schriften zur Sozial- und Wirtschaftsgeschichte, Bd. 9), Linz 1983.

Pagenstecher, Cord: Neue Ansätze für die Tourismusgeschichte. Ein Literaturbericht, in: Archiv für Sozialgeschichte Jg. 38 (1998), S. 591–619.

Paul, Gerhard: Aufstand der Bilder. Die NS-Propaganda vor 1933, Bonn 1992.

Pitrof, Daniel von: Gegen Spartakus in München und im Allgäu. Erinnerungsblätter des Freikorps Schwaben. Zusammengestellt vom ehemaligen Führer des Freikorps, München 1937.

Plewina, Margarete: Auf dem Weg zu Hitler. Der »*völkische*« Publizist Dietrich Eckart (Studien zur Publizistik, Bd. 14), Bremen 1970.

Prahl, Hans-Werner und Albrecht Steinecke: Der Millionen-Urlaub. Von der Bildungsreise zur totalen Freizeit, Darmstadt, Neuwied 1979.

Presseanweisung vom 27. Januar [1939], Nr. 300, in: Bohrmann (Hg.): NS-Presseanweisung der Vorkriegszeit, Bd. 7/I, S. 93–94.

Rauers, Friedrich: Kulturgeschichte der Gaststätte. 2 Bde. (Schriftenreihe der Hermann-Esser-For-schungsgemeinschaft, Nr. 2), Berlin 1941.

Reichsfremdenverkehrsverband: Jahrbuch für Fremdenverkehr 1938, hrsg. v. dems., Berlin 1938.

Reichsfremdenverkehrsverband: Jahrbuch für Fremdenverkehr 1939, hrsg. v. dems., Berlin 1939.

Reichstages, Büro des (Hg.): Reichstags-Handbuch. IX. Wahlperiode 1933, Berlin 1934.

Reulecke, Jürgen: Die Entstehung des Erholungsurlaubs für Arbeiter in Deutschland vor dem Ersten Weltkrieg, in: Langewiesche und Schönhoven (Hgg.): Arbeiter in Deutschland, S. 240–268.

Reulecke, Jürgen: Vom blauen Montag zum Arbeiterurlaub. Vorgeschichte und Entstehung des Erholungsurlaubs für Arbeiter vor dem Ersten Weltkrieg, in: Archiv für Sozialgeschichte Jg. 16 (1976), S. 205–249.

Reuth, Ralf Georg: Goebbels. Eine Biographie, 2. Aufl., München 2000.

Richtlinien des Reichsfremdenverkehrsverbandes, in: Verordnungen, Anordnungen und Richtlinien zur Lenkung des Fremdenverkehrs, S. 6–15.

Ringer, Alfred: Die Hermann-Esser-Forschungsgemeinschaft für Fremdenverkehr in Frankfurt am Main (Schriftenreihe der Hermann-Esser-Forschungsgemeinschaft, Bd. 1), Berlin 1939.

Rogy, Heidi: Tourismus in Kärnten. Von der Bildungsreise zum Massentourismus (18. - 20. Jahrhundert) (Archiv für vaterländische Geschichte und Topographie, Bd. 87), Klagenfurt 2002.

Sachse, Carola u. a. (Hgg.): Angst, Belohnung, Zucht und Ordnung. Herrschaftsmechanismen im Nationalsozialismus, Opladen 1982.

Schluss der Tagung des Bund Deutscher Verkehrsverbände. Telegramm an den Führer, in: Deutsches Nachrichtenbüro Jg. 1 (24. Sep. 1934), S. 2045.

Scholz, o. Vorname: Reichsregierung und Fremdenverkehr, in: Dortmunder Zeitung, 14. Mai 1933, Hf. 223.

Schwarzenstein, Franz F.: Von den Anfängen bis zum ersten Weltkrieg, in: Bernhauer (Hg.): 1902-1972. Deutscher Fremdenverkehrsverband (DFV), S. 69–80.

Schwarzenstein, Franz F.: Zeit zwischen den Weltkriegen, in: Bernhauer (Hg.): 1902-1972. Deutscher Fremdenverkehrsverband (DFV), S. 81–92.

Spindler, Max (Hg.): Handbuch der bayerischen Geschichte, 4 Bde. 2. Aufl., München 1981-2007.

Spode, Hasso: Arbeiterurlaub im Dritten Reich, in: Sachse u. a. (Hgg.): Angst, Belohnung, Zucht und Ordnung, S. 275–328.

Spode, Hasso: »*Der deutsche Arbeiter reist*«. Massentourismus im Dritten Reich, in: Huck (Hg.): Sozialgeschichte der Freizeit, S. 281–306.

Spode, Hasso: Wie die Deutschen »*Reiseweltmeister*« wurden. Eine Einführung in die Tourismusgeschichte, hrsg. v. Landeszentrale für politische Bildung Thüringen, Erfurt 2003.

Spode, Hasso: Zur Geschichte des Tourismus. Eine Skizze der Entwicklung der touristischen Reisen in der Moderne, Starnberg 1987.

Spode, Hasso (Hg.): Zur Sonne, zur Freiheit! Beiträge zur Tourismusgeschichte (Institut für Tourismus, Beiträge und Materialien, Nr. 11), Berlin 1991.

Spode, Hasso und Albrecht Steinecke: Die NS-Gemeinschaft »*Kraft durch Freude*«. Ein Volk auf Reisen?, in: Spode (Hg.): Zur Sonne, zur Freiheit!, S. 79–93.

Stachura, Peter D.: Gregor Strasser and the Rise of Nazism, London 1983.

Stadtmuseum, Münchener (Hg.): München. Hauptstadt der Bewegung, München 1993.

Tanner, Albert: Freizeitgestaltung und demonstrativer Müßigang, in: Gyr (Hg.): Soll und Haben, S. 113–129.

Thamer, Hans- Ulrich: Verführung und Gewalt. Deutschland 1933-1945 (Siedler Deutsche Geschichte, Bd. 11), Berlin 1986.

Thieme, Hans: Der Gewaltakt gegen die Redaktion der Tageszeitung »*Allgäuer Volkswacht*« am 12. August 1919 in Kempten. Ein Beitrag zur Geschichte des Allgäus aus der Zeit der inneren Unruhen nach dem I. Weltkrieg, in: Allgäuer Geschichtsfreund. Blätter für Heimatforschung und Heimatpflege 1976, Hf. 76, S. 107–122.

Tyrell, Albrecht: Führer befiehl... Selbstzeugnisse aus der »*Kampfzeit*« der NSDAP, Düsseldorf 1969.

Tyrell, Albrecht: Vom »*Trommler*« zum »*Führer*«, München 1975.

Verhandlungen des Bayerischen Landtags. I. Tagung 1928. II. Tagung 1928/29. Stenographische Berichte Nr. 1 bis 35, Bd. 1, 14. Sitzung vom 10. Januar 1928.

Verordnungen, Anordnungen und Richtlinien zur Lenkung des Fremdenverkehrs, Berlin 1943.

Walk, Joseph: Das Sonderrecht für Juden im NS-Staat. Eine Sammlung der gesetzlichen Maßnahmen und Richtlinien. Inhalt und Bedeutung (Motive, Texte, Materialien, Bd. 14), Karlsruhe 1981.

Ziegler, Walter: Bayern im NS-Staat 1933-1945, in: Spindler (Hg.): Handbuch der bayerischen Geschichte, 4 Bde. Bd. 4, S. 500–534.

Zorn, Wolfgang: Bayerns Gewerbe, Handel und Verkehr, in: Spindler (Hg.): Handbuch der bayerischen Geschichte, 4 Bde. Bd. 4/2, S. 782–845.

Personenregister

A
Adenauer, Konrad, 50, 122, 123
Amann, Max, 20, 27, 29, 70
Aretin, Erein von, 32

B
Baedeker, Karl, 43
Bajohr, Frank, 128
Ballerstedt, Otto, 25
Bormann, Martin, 81, 92
Bosl, Hans Goerg, 108
Buttmann, Rudolf, 28

C
Cook, Thomas, 44, 45

D
Dietrich, Otto, 103
Drexler, Anton, 21–24, 29

E
Eckart, Dietrich, 22, 25, 27
Enzensberger, Hans-Magnus, 42, 119
Epp, Franz Xaver Ritter von, 17, 35, 36
Esser, Hermann, 9–11, 15–37, 51, 55–60, 62, 65–73, 80, 82, 83, 85, 91, 92, 94, 96, 99–104, 107, 108, 112, 114, 117, 118, 124, 127

F
Feder, Gottfried, 18, 19, 22, 26, 31
Fest, Joachim C., 24
Fobke, Hermann, 116
Fontane, Theodor, 43
Frank, Hans, 37
Frick, Wilhelm, 91
Funk, Walter, 62, 65

G
Goebbels, Joseph, 31, 32, 61, 62, 65, 66, 69–71, 95, 96, 102–104, 107
Gordon, Harold J., 21
Gründel, Günther, 15
Graefe, Albrecht, 28
Graf, Ulrich, 20
Groener, Wilhelm, 122

H
Hachtmann, Rüdiger, 119
Hamm, Eduard, 124
Hanfstaengl, Ernst, 20, 22, 27, 28
Heß, Rudolf, 22, 25, 81

Heiden, Konrad, 9, 32
Heines, Edmund, 34
Heydrich, Reinhard, 99, 100
Himmler, Heinrich, 36
Hitler, Adolf, 9, 17, 19–37, 67, 70, 91, 92, 102–104, 107, 114–118
Hoffmann, Heinrich, 27, 30
Huber, Johann, 25

J
Janßen, Johann, 82, 83, 86

K
Körner, Oskar, 25
Kahr, Gustav Ritter von, 26, 116
Keitz, Christine, 46
Kershaw, Ian, 20, 24, 25
Klemperer, Victor, 77
Kopper, Christoph, 118
Krause, Michael, 92

L
Lüdecke, Kurt Georg W., 114
Ley, Robert, 31, 58, 107
Luther, Hans, 58

M
Mahlow, Friedrich, 62, 64, 69, 125
Marx, Wilhelm, 124
Maser, Werner, 16, 18, 112
Maurice, Emil, 20
Mayr, Karl, 17–19
Mussolini, Benito, 25

P
Pagenstecher, Cord, 118

Pfundtner, Hans, 84
Pitrof, Daniel Ritter von, 17
Polidori, John William, 41

R
Röhm, Ernst, 20, 27
Rauers, Friedrich, 9, 73
Riesel, Karl, 45
Ringer, Alfred, 72
Rominbger, Johann, 45
Rosenberg, Alfred, 22, 29, 30
Ruf, Eugen, 57

S
Schemm, Hans, 37
Schulenburg, Graf S. von, 79
Siebert, Ludwig, 36, 37, 84
Spode, Hasso, 119
Stangen, Carl, 45
Stangen, Louis, 45
Strasser, Gregor, 31
Strauß, Franz-Joseph, 108
Streicher, Julius, 9, 27–32, 34

V
Vogl, Adolf, 32
Volck, Adalbert, 116

W
Wagner, Adolf, 36, 55
Weber, Christian, 20, 123
Werner, Joseph, 28
Wilhelm II., deutscher Kaiser, 44